潘石屹内部讲话

关键时，潘石屹说了什么

席婷婷 ◎ 著

新世界出版社
NEW WORLD PRESS

图书在版编目（CIP）数据

潘石屹内部讲话：关键时，潘石屹说了什么 / 席婷婷著. -- 北京：新世界出版社，2014.2（2016.8 重印）
　　ISBN 978-7-5104-4847-8

Ⅰ. ①潘… Ⅱ. ①席… Ⅲ. ①房地产企业 - 企业管理 - 经验 - 中国 Ⅳ. ①F299.233.3

中国版本图书馆CIP数据核字（2014）第021495号

潘石屹内部讲话：关键时，潘石屹说了什么

作　　者：席婷婷
责任编辑：谭　慧　周　珊
责任校对：宣　慧
责任印制：李一鸣　黄厚清
出版发行：新世界出版社
社　　址：北京西城区百万庄大街24号（100037）
发行部：（010）6899 5968　（010）6899 8705（传真）
总编室：（010）6899 5424　（010）6832 6679（传真）
http://www.nwp.cn
http://www.nwp.com.cn
版权部：+86 10 6899 6306
版权部电子信箱：nwpcd@sina.com
印　　刷：北京天宇万达印刷有限公司
经　　销：新华书店
开　　本：710mm*1000mm　　1/16
字　　数：220千字　　印张：14
版　　次：2014年4月第1版　2016年8月第2次印刷
书　　号：ISBN 978-7-5104-4847-8
定　　价：39.80元

版权所有，侵权必究

凡购本社图书，如有缺页、倒页、脱页等印装错误，可随时退换。
客服电话：（010）6899 8638

序　言
PREFACE

　　提到潘石屹你会想到什么？思想前卫的商人？房地产界的娱乐明星？其实不管是哪种身份，潘石屹举手投足间似乎都透露出个性来，正如他自己所说："永远不做大多数，如果是大多数，那我应该还在甘肃天水的土地上种地呢，哪来今天的潘石屹。"

　　潘石屹，甘肃天水人，SOHO中国有限公司董事长兼联席总裁。"石屹"即"石头屹立"之意，似乎一开始就注定了他与房地产的不解之缘。

　　在中国人眼中，潘石屹是一位成功的房地产商，更是一个传奇：他从一贫如洗的小村里走出，一跃成为坐拥亿万资产的富翁。不管市场如何不景气，他总是能将楼盘在短时间内推出去，而且是将"蔬菜卖出水果价"。

　　细数潘石屹的成功，其实可以归结为两个字——独特。回顾潘石屹的经历，他的独特由从机关单位辞职就已开始。机关待遇很不错，工作也十分清闲，可就在大家艳羡的目光里，他变卖了所有家当，怀揣着仅有的80元，南下广东。

　　后来他辗转来到北京，创办了北京红石实业有限公司（SOHO中国有限公司前身）。与其他公司不同，他在公司内部实行极为残酷也极为有效的"末位淘汰制"。此后，SOHO中国凭借着这一"一流的管理制度"，创下了令人瞩目的销售业绩。可就在刚开发的现代城准备开盘时，现代城的销售人员一夜之间被人挖空。这对一个公司来说，并不是什么光彩的事。一般企业面对这种事是能捂则捂，潘石屹却不然，他将这件事的前因后果彻底地捅给了媒体。出乎不少人的意料，一夜之间，现代城成为京城名盘。

　　现代城虽说销售一空，可自从建成之日起，就批评声不断。潘石屹的前卫，给他引来了不少的麻烦。在大家都习惯封闭的四合院似的建筑时，潘石屹却取消了围墙；在北京90厘米的阳台是个传统时，潘石屹却打破了规则，将阳台高度设为0；在不少开发商都强调房屋的私密性时，潘石屹却大面积采用落地窗户，使房间内更通透；在北京几乎都是清一色的建筑时，潘石屹却在他的项目上着上了色彩……当大家的批评声如潮水般涌来时，他的做法再一次让人大跌眼镜：他将大家的意见结集成册，出版了一本《SOHO现代城批判》。潘石屹对这些意见全

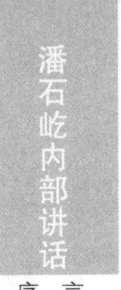

序言 PREFACE

部接受，可并未将它们放在心上。他认为"任何创新的产品都是有争议的"，因此，在开发下一个项目时，仍然我行我素。

潘石屹很忙，不过和一般企业家的忙不同，他是忙着写书、拍电影、接广告……他出版了《屹见：潘石屹聊聊我们这个时代》《既要成功，也要成仁——潘石屹的八堂公开课》《我用一生去寻找》等10本书。不仅如此，他还参与了《语路》《阿司匹林》等电影的拍摄。你说他"不务正业"，他却一本正经地说"我只会盖房子"。确实，他虽然没有一头扎在公司，SOHO中国的业绩却从未落下。

说到公司，潘石屹坚持要做大型小公司，在他看来"小公司才是自然的形态。无论市场是方的还是圆的，公司都可以倒到里面去，充满每一个缝隙"。就在不少企业都在疯狂扩张时，潘石屹却"不思进取"（任志强语）。按照一般房地产商的做法，获得土地的使用权后，会拿土地到银行去抵押贷款。可潘石屹声称"我们不欠银行一分钱"，他情愿一期做完销售，将销售得来的资金用作下一轮开发，也不愿借贷。不仅如此，SOHO中国声名鹊起时，潘石屹还是只做房地产一项，很少涉足其他领域。

在公司的管理上，潘石屹也很特别。他几乎不过问公司的日常管理，他说SOHO中国实行的是弹性工作制，如果任何的管理达不到创造价值的效果，都是没必要的。就连项目的过程，他也不关心。员工只要不说假话，不说别人项目的坏话，其他任由员工自己发挥，他只要结果。

潘石屹的独特之处还有很多，比如他认为不赚钱的商人是不道德的，利用媒体营销大幅削减广告开支等。潘石屹还会有哪些独特表现呢？相信读者朋友也很好奇。

在本书中，我们纵览潘石屹的发家经营史，精选他创业以来在公司发展关键期的讲话，内容涉及创业法则、商业模式、管理之法、营销理念、企业文化等多个方面，旨在立体展现潘石屹从赤贫到创建商业帝国的全貌。本书通过对个性地产商的独特成功智慧进行解读，希望读者能从潘石屹的独特中，找寻到属于你自己的成功之路。

潘石屹内部讲话

目 录
CONTENTS

第一篇
关键时刻之创业激情
SOHO人的闯劲永不衰竭

第一章　创业要把面粉做成蛋糕 / 2

　　第一节　把自己想清楚 …………………………………… 2
　　第二节　找准切入点再创业 ……………………………… 6
　　第三节　面对黑暗时，把头转过来 ……………………… 9
　　第四节　在乎该在乎的事 ………………………………… 12

第二章　做事情就是要一根筋 / 15

　　第一节　做每件工作都是一次祈祷 ……………………… 15
　　第二节　仰望星空，让我们的行走更有力 ……………… 17
　　第三节　放低姿态，做空心竹子 ………………………… 20
　　第四节　成功的企业家一定是放松的 …………………… 23

第三章　要做务实的理想者 / 26

　　第一节　相信你的眼睛，而不是耳朵 …………………… 26
　　第二节　正确的道路靠磋商选择 ………………………… 29
　　第三节　自行车不到，走一段就换汽车 ………………… 33
　　第四节　进来出去的每一分钱都是有原则的 …………… 36

目录 CONTENTS

第二篇
关键时刻之战略思想
要成功就得特立独行

第四章 坚持做大型"小公司" /42

第一节 要有做小公司的心态 …………………………… 42
第二节 听不明白的不做 …………………………………… 46
第三节 不忽视本就存在的巨大市场 …………………… 49
第四节 做企业也需保守 …………………………………… 52

第五章 别人都干的事情你别去干 /56

第一节 简单就有效率 ……………………………………… 56
第二节 保持合理的负债率 ………………………………… 60
第三节 游戏规则在变,战略不变就是愚蠢 …………… 63
第四节 任何创新的产品都是有争议的 ………………… 67

第六章 在竞争中强大自我 /73

第一节 不惹事,不怕事 …………………………………… 73
第二节 像橡胶一样,把外界压力消化吸收 …………… 78
第三节 令自己对别人有益 ………………………………… 81
第四节 "摸着石头过河"的智慧 ………………………… 83

目录 CONTENTS

第三篇
关键时刻之经营哲学
做液态的企业

第七章　市场缺什么，我们就做什么 /88

　　第一节　市场是聪明的，有生命力的 ………………………… 88
　　第二节　看准时机再出手 ……………………………………… 91
　　第三节　放开思维，多渠道经营 ……………………………… 94
　　第四节　低进高出是做生意不变的规律 ……………………… 98

第八章　服务意识是王道 /103

　　第一节　与客户保持一个长期的关系 ………………………… 103
　　第二节　面对批评，超越是非概念 …………………………… 106
　　第三节　帮客户赚钱 …………………………………………… 109
　　第四节　遇见问题：重承诺，敢担当 ………………………… 112

第九章　客户需求是设计出来的 /116

　　第一节　抓住客户的潜在需求 ………………………………… 116
　　第二节　规划设计是最重要的 ………………………………… 119
　　第三节　"密码正确"：产品就是一把钥匙开一把锁 ……… 124
　　第四节　社会化营销：大海捞客户 …………………………… 128

目录 CONTENTS

第四篇

关键时刻之管理理念
高效的团队是制胜的法宝

第十章 不设防的管理才是好管理 / 132

  第一节 我只要结果 …………………………………… 132
  第二节 不要求做的一定不能做 …………………… 135
  第三节 团结是最重要的时尚 ……………………… 138
  第四节 末位淘汰是一流的管理制度 ……………… 141

第十一章 无为而治是一种境界 / 147

  第一节 取消高压，催生自下而上的力量 ………… 147
  第二节 管理者只做船上的舵手 …………………… 150
  第三节 扁平化的组织结构更能创造价值 ………… 153
  第四节 利用企业文化，让员工爆发活力 ………… 156

第十二章 有所为，有所不为 / 160

  第一节 做最好的产品 ……………………………… 160
  第二节 只顾数钱的人最终无钱可数 ……………… 163
  第三节 与其躲躲藏藏，不如坦诚相待 …………… 167
  第四节 保护我们的是诚实 ………………………… 171

第五篇

关键时刻之品牌营销
不拘一格做品牌

第十三章　品牌是企业的灵魂 / 176

　　第一节　品牌是企业的制高点 …………… 176
　　第二节　"只在油里生存" …………………… 179
　　第三节　把蔬菜卖成水果的价格 …………… 182
　　第四节　个人品牌比LOGO丰富 …………… 185

第十四章　表演只是商业需要 / 189

　　第一节　炒作即广告宣传 …………………… 189
　　第二节　不取分文，也要替人拍广告 ……… 192
　　第三节　拒绝有时其实是一种责任 ………… 195
　　第四节　内刊不给自己做广告 ……………… 198

第十五章　社会责任是最好的品牌 / 202

　　第一节　企业的存在与发展就是社会责任 … 202
　　第二节　不用股东的钱做慈善 ……………… 206
　　第三节　企业也要念"环保经" ……………… 209
　　第四节　社会责任不是做给别人看的 ……… 212

guan jian shi, pan shi yi shuo le shen me

Article 01

第一篇

关键时刻之创业激情
SOHO人的闯劲永不衰竭

第一章　创业要把面粉做成蛋糕
第二章　做事情就是要一根筋
第三章　要做务实的理想者

第一章
创业要把面粉做成蛋糕

第一节　把自己想清楚

在所有人胡言乱语时，也要保持冷静，把自己想清楚。

问：我曾经听说过，80年代发财靠胆大，90年代靠智慧，21世纪靠资本。我们大学生从学校出去后，除了文凭根本不可能有资本，我们出去后是找稳定的工作，还是自主创业？而对我们这种一穷二白的状态创业，您有什么指导？

潘石屹：胆大、智慧和资本，我觉得最重要的还是智慧。大学生的创业，我觉得跟性格有关系，有的人喜欢四平八稳的，做程序化的工作做得特别好。一些人就喜欢有创造力的工作，他如果不创业就不舒服，这样的人就应该创业，让身上的能量和创造力释放出来。

问：您为什么会选择房地产这个行业？

潘石屹：房地产主要是跟土地打交道，我觉得，只要跟土地打交道，无论是当农民种庄稼，还是盖房子，心里面都觉得踏实。

问：您做的很多事都出乎人的意料，您是怎么做到的？

潘石屹：应该是生活的启示。就在我满心愉悦、观赏大自然美景的时候，一个星期没有上网，居然有人怀疑我已经被抓起来了。上网看了看，看到一片慌乱：一位房地产发展商得知他没有办到开工证的项目按规定要求90平方米以下面积的户型要占到70%时，在建委门口号啕大哭。又看到一个会议的主题是"面对有形之手反复摔打的房地产"，还有个会议的主题是"忆苦思甜"，还有什么"乌鲁木齐共识"等。这些混乱的信息给我一种人人都在发神经的感觉，好像有

第一篇　关键时刻之创业激情
SOHO人的闯劲永不衰竭

社会学家说过的"群体性的癫狂"。

所有人都在胡言乱语时，我们尤其要保持冷静，甚至坚持孤独，让自己的心安静下来。从古到今，任何激进的行为、冒进的行为，任何过分渲染的喧哗，都不会长久。轰然而来的东西往往也会轰然离去，大自然如此，人类社会也是如此。

你应该回到红红的太阳下，把自己想清楚。

——潘石屹谈把自己想清楚

背景分析

出生西北贫苦家庭的潘石屹本想着毕业后立即工作，好尽快侍奉卧病在床的母亲。可后来他的思想有所转变：与其当一个一般的工人，不如继续读几年书，将来进入管理层。于是，他找到老师，将本来毕业后直接就业的意向改成了继续深造。

1984年，潘石屹从石油管道学院毕业后，被分配到河北廊坊石油部管道局经济改革研究室。当时，他每个月领46块钱工资，加上8块钱的野外补助。

潘石屹生长在农村，从小就缺吃少穿，母亲又长年瘫痪，因此他对这份工资十分看重。刚开始的时候，他说自己对这种机关生活既感到新鲜也特别满意：每天什么都不干，工资还不低，经常还有人送来苹果、大米。就这样，潘石屹在廊坊机关里耗了半年多，但他骨子里有太多不安分的因子，想到自己才二十出头，就这样混日子，他渐渐厌倦了。

此时的潘石屹陷入矛盾中，这份机关工作是多少人梦寐以求的，辞职意味着自己将重新过回艰苦的生活，可随即这样的念头就被坚定的决心所取代。那时正是个开放而令人激动的时代，潘石屹敏锐地预感到，随着社会的发展，各种多余的、不能给社会带来价值的环节迟早会被淘汰掉。纵观整个机关，他发现自己的工作完全是多余的、没用的。

经过一番思想斗争后，潘石屹决定辞职下海。他的这一决定遭到了多方反对，可他决心已定。1988年春节刚过，他在众人的反对声中变卖了所有家当，买了去深圳的火车票。

可现实并非想象的那么美好，到深圳不久，他应聘到一家公司上班。酷热的天气，几乎每天加班加点的生活以及语言不通的环境，都给他的内心蒙上了一层阴影。回想起当初滋润的机关生活，他感到十分失落。

几乎所有人都劝他走回头路，只有一个在伊拉克做工程的朋友支持他。在这位朋友的支持下，最终潘石屹还是决定留下来。

1988年8月23日，海南成为省级行政区。随后，中央政府给予海南一系列优惠政策，从中嗅到了商机的潘石屹恰好得知公司要到海南开设分公司，便主动请缨。

海南省的建设大潮很快过去了，1991年，很多人又回到了内地。潘石屹当时分管着公司设立的砖厂，可经济不景气，他们生产的砖出现了滞销的局面。民工是计件工资，不少人见无钱可拿，纷纷离开。为稳定局面，潘石屹自掏腰包为民工买粮食吃。

这一年是他最难忘的一年。多年后潘石屹坦言，在这一年里他看不到任何希望和生机，尽管如此，这段岁月还是相当美好的：至少自己可以做主，按照自己的意愿管理一支队伍。"要相信自己，一个相信自己的人才会相信他人，相信未来。"他很庆幸知道自己想要什么，每一次都跟着自己的心在走。

拓展透析

潘石屹的经历能给创业者很好的启示，即最根本的是要将自己想清楚，从自身实际条件出发进行选择。在进行创业项目选择时要根据自身条件，结合性格、兴趣、专长、实力、环境等多方面综合考虑。

1. 把自己的性格想清楚

在选择创业项目时，创业者应有的放矢，选择适合自身性格的项目。如果创业者的性格是急躁型的，则适合做贸易型的项目。这种类型的人不应选择生产型的项目，因为生产的项目需要很长时间的市场适应期，需要一个市场对创业者品牌的认知过程。为了确保项目的长期发展，需要不断地扩大规模，急躁型的创业者可能等不了那么长的时间，一旦创业者撑不住的时候，创业者的设备、半成品就一文不值了，创业者必然陷入纠纷累累的泥潭之中。此外，娱乐

第一篇 关键时刻之创业激情
SOHO人的闯劲永不衰竭

服务型项目也不适合急躁型的创业者，因为现在的客户是越来越挑剔了，有时候刁钻的客人会让创业者暴跳如雷，那客户将越来越少，最终的结果必然是关门大吉。当然，创业者如果有合伙人，并且相互之间性格能够互补，也是可以选择自己性格不允许的项目的。反之，则千万不要冒险。

2. 把自己的特长想清楚

创业者的特长、专业、才智、阅历在某种情况下会成为选择项目的主要根据。这有利于创业者一开始就进入娴熟的工作状态，使创业者的初始创业成功率高出很多。当然，创业者如果具备较高的才智和较丰富的阅历，确定自己能力非凡，也不一定要选择自己熟悉的东西，事在人为，因为这样的创业者在短期内就会熟悉所选择的行业，这样的成功案例也很多。

3. 把自身的资源想清楚

资本少的创业者可以选择最简单的贩卖式的创业方法。如在大城市批发些服装、杂货等去比较小的城市出售。还有特色类的东西一般情况下市场虽小，但是利润还是很不错的。

资本中等的创业者可以选择依靠或者依托别人的现有资本、生产材料等方式创业。如现在很多的国有企业效益不是很好，你可以租赁它们的车间或者在它们的企业附近生产制造同类的产品。因为你的企业规模比它们小，成本自然会低些，产品价格也比它们的便宜，这样顾客很有可能会选择购买你的产品或者选择你为他们的生产提供辅料、配件等。

资本雄厚者可以选择那些同类产品少、项目的前景很好的行业，如环保行业、保健行业、妇幼行业等。这些行业市场的需求很大，但是产品很少或者不够完善，存在很大的发展空间。

所以，对创业者来说，项目的选择直接或间接地决定着其所创事业的未来，创业者在进行选择时一定要仔细斟酌，结合自身条件，选择一个适合自己创业的项目。

第二节　找准切入点再创业

作为开发商，你好好盖房子就是了。

问：你怎么找项目？凭什么做出取舍判断？

潘石屹：很简单。拿博鳌这个项目来说吧，第一个是一块地有没有基本的需求，我们看到在法国经济发展到和中国现在同等的阶段时就出现了蓝色海岸别墅区，大部分的巴黎人和英国人跑到那里买房，当地的人并不买。我到夏威夷游玩过两次，我发现也不是夏威夷本地人购买，都是美国人在买，而且房价很高。国内富裕阶层的收入刚好达到了这个点，可以旅游、度假，对旅游物业的需求就产生了。有的地方自然资源非常好，但缺乏基础设施，开发商是不能选择的。博鳌这个地方基础设施非常好，两条高速公路连通，政府投资几千万元建垃圾处理场，宽带建设很好，上网速度很快，这样的基础设施是非常难得的。

地段的升值与否与基础建设好坏密切相关。建设部的领导说，北京的房价太高了，别的城市2000元一平方米，北京卖一万元。如果这么比，那北京的房价肯定是高了。但是很重要的一条，北京的房价高，是因为北京的基础设施好。内环、二环、三环、四环、地铁、机场……这都是政府用钱堆出来的啊。

像现代城，别人说潘石屹是现代城的建设者，我说这话不确切，应该说我和政府合力建了现代城。我承担的工作量是35%，政府承担的工作量是65%。为什么这么说？你看，政府投资100亿修地铁复八线，这100亿的投资是谁受益了？还不是现代城这样的地铁上盖物业；还有现代城后面的通惠河，世界银行贷款投了好几十个亿，眼看又要变成整个京杭大运河的上端，要变成一条旅游观光河了。这些都直接使我的现代城升值啊。

做完万通广场后，手上有点钱了，我也曾经头脑发热，要全国化，要去别的城市搞开发。但当我回到北京，一上机场高速公路，我就决定窝在北京，别的什

第一篇　关键时刻之创业激情
SOHO人的闯劲永不衰竭

么地方都不去了。因为北京市政府已经把市政基础提前做上去了，作为开发商，你好好盖房子就是了。

——潘石屹谈找准切入点

背景分析

1990年，大部分去海南的人都回到了内地，潘石屹等人一直坚守着，后来他和王功权、冯仑、刘军、王启富以及易小迪成立了海南农业高科技投资联合开发总公司（万通前身）。1992年，邓小平发表了著名的南方谈话。之后，海南经济急剧升温，潘石屹等人赚取了人生的第一桶金。

可就在万通发展如日中天时，潘石屹却选择了离开。万通新世界广场做完后，大家有了钱，第一个计划是收购北京电影制片厂。这次计划失败，万通便转战收购贵州航空公司、武汉国投、陕西证券，还收购了一家上市公司，投资了几家金融机构、保险公司，并且成为民生银行的大股东。简言之，大家都将视线转向金融、航空、电影制作等行业，与建筑毫无关系。潘石屹对这些领域不熟悉，倾向于做老本行，多次协调后未能如愿，虽然冯仑等人百般挽留，他还是毅然离开了万通。

离开万通后，潘石屹自立门户，那时稍有资本的房地产商几乎都会选择去别的城市开发，全国化的思潮一浪盖过一浪，充斥着每一个人的大脑。受此影响，潘石屹决定制订扩张计划。可当他回到北京，看到北京完善的市政设施时，就决定待在北京不走了，于是就有了今天的SOHO中国。

潘石屹是出了名的地段论者，他认为楼盘成交量的大小和它所处的地段直接相关。当有人称赞SOHO中国楼盘大卖时，他总是谦虚地表示，政府才是最大出力者，自己在其中只负担了40%的工作量。他举例说，政府2008年前在市政设施、交通等方面投入了大量的金钱和人力，完善的交通设施、绿地公园、体育场馆等配套设施的使用，势必会提升周围楼盘的附加值。北京市政府在基础设施等方面的建设都走在了前面，这也正是他看好北京的一个重要原因。

选择留在北京后，他曾经在网上下载过一张世界地图。地图上灯光的亮度与人均GDP高度吻合。潘石屹看到这里，随即在晚上开车横穿北京城，结果正如他在地图上看到的那样，西边一片黑暗，东边灯火通明。他从这一片灯光中看到了商机，后来便将着力点放在了北京东部。

拓展透析

很多创业者失败的根源不在于技术或产品，而是定位不清。潘石屹之所以最后决定留在北京，就在于他看到了北京东部房地产有巨大的发展空间。定位十分重要，定位准确则意味着创业者及企业已向成功迈出了第一步。准确的市场定位能够使创业者知道自己的利润在哪里，而定位不清晰，就如同向乞丐叫卖珠宝，产品再好，也难逃失败的结局。

创业者在战略布局上最容易出现的问题是：将战略的制定看作一件随意而为的事情，忽视或漏掉了严谨、科学的分析程序和决议过程；将战略的制定完全看作企业内部制定的事情，而忽视或漏掉了对市场需求的调研；将战略的制定单纯地看作战略的制定，而忽视了其与战术之间的匹配和适应；将战略的执行看作普通的任务，缺乏对战略高度的认知，缺乏对战略执行的监督和审视，使组织在获得最终成果上打了折扣。

在创业过程中，创业者要做出正确有效的定位，往往需要遵循一定的步骤：

1. 确定定位层次。确定定位层次是定位的第一步。确定定位层次就是要明确所要定位的客体，这个客体是行业、公司、产品组合还是特定的产品或服务，必须心中有数。

2. 识别重要属性。定位的第二步是识别影响目标市场顾客购买决策的重要因素。这些因素就是所要定位的客体应该或者必须具备的属性，或者是目标市场顾客具有的某些重要的共同特征。

3. 绘制定位图。在识别出重要属性之后，就要绘制定位图，并在定位图上标示出本企业和竞争者所处的位置。一般都使用二维图。如果存在一系列重要属性，则可以通过统计程序将之简化为能代表顾客选择偏好的最主要的二维变量。定位图选择的二维变量既可以是客观属性，也可以是主观属性，还可以是将两者结合起来的。但无论是选择主观属性还是客观属性，都必须是重要属性。

4. 评估定位选择。美国两个广告经理艾尔·里斯和杰克·屈劳特曾提出3种定位选择。一是强化现有位置，避免正面打击冲突。二是寻找市场空隙，获取先占优势。三是竞争者重新定位，即当竞争者占据了不该占有的市场位置时，让顾客认清对手"不实"或"虚假"的一面，从而使竞争对手为自己让出位置。

5. 执行定位。定位最终需要通过各种沟通手段如广告、员工的着装和行为举止以及服务的态度、质量等载体传递出去，并为顾客所认同。

定位并非是一件可有可无的事，也不是大公司才需要做的事，准确的定位是企业发展的源泉，应该得到每一家企业的重视。

第三节　面对黑暗时，把头转过来

对前景失去信心时，把头转过来，做真正有意义的事。

问：这种谦卑的心态，对他人的关爱我觉得你从刚开始就有，尤其是这种谦卑的心态和虚心，我觉得是你特别强调的。一般来说，人在经受过特别大的挫折之后才会这样，你怎么会是这样呢？

潘石屹：其实我们天天遇到挫折，你可以想象一下，在做生意的过程中，中国的环境，有的时候法律环境也不是特别健全，天天都有挫折。你天天遇到挫折、困难的话，不要把它变成一个消极的东西。你总能觉得，今天这个困难背后一定藏着一个秘密，这个秘密就是你身上的某一部分的能力品质还不够，要不断提高。像你有一个批文到政府去，他就不给你批，你就得一次一次去，一次一次去，你要去上几次，可能你就觉得，他为什么不给我批呢？你想这背后是培养你的一个能力，耐心的能力。所以你就可以不断地去，心态也就会比较好，所以千万不要碰到困难考验，甚至大的困难、考验的时候灰心丧气，一定要把所有的事情都往积极的一面看。

现在人类正从英雄时代步入一个"形成时代""建设时代"，英雄时代主要是对旧社会、旧秩序和旧观念的破坏，而"形成时代"就如同一个大建设工地，不仅是建设物质世界，更是建设我们的精神世界。精神是人类真正的生命，物质世界仅是精神世界的训练场，通过发生在物质世界中的无数困难和考验来提高我们的品质。

当我们看到过多社会阴暗面，对前景失去信心时，把头转过来，看一看科学技术的力量，就会重新拥有信心和勇气。我们要有洞察力，要看到世界在改变，前景一定是美好的新世界。眼前的种种丑恶都是过程中的问题，是不成熟时犯下的错误。

我们目前要做的，可能更重要的是调整好我们的价值观，让自己拥有长远的洞察力，做真正有价值的事，做真正有价值的人。

——潘石屹谈世界正经历分娩之阵痛

背景分析

创业之苦本已让很多人心力交瘁，更何况是莫名其妙地被人骂？被诬陷时那种有火无处发的滋味可能是最不好受的，潘石屹就曾遇到这种事。

2012年年末，有人在网上发布了一则消息，内容为潘石屹和任志强联合侵吞了50亿国有资产。如果这种没有根据的事情发生在别人身上，又有几个人能表现得满不在乎，听之任之呢？

潘石屹听到这事后，内心的愤怒程度可想而知。可一段时间后，潘石屹开始担心起来。他生怕骂的人越骂心理越扭曲，此事越发展，对骂的人也会是件坏事。而更让潘石屹担心的是，如果这是靠发帖谋利的网络水军做的，那样危害性可能就更大了。毕竟如果只是一个人偶然性的造谣，危害性要小很多，如果是有组织、有目的的，那就不一样了。潘石屹思前想后，觉得不能充耳不闻，听任事情往更坏的方向发展，他希望此事能通过法律途径解决。

想到这里，潘石屹便打电话给身边好友，一起商量该如何提交司法程序。可大家讨论后发现，这件事情虽说潘石屹占理，但取证实非易事。他们分析后得出，发帖诬陷很难取证，我国的网络监管体系并不健全，可能很难找到证据。而法院讲究的是以事实说话，拿不出证据或者证据不符合，必将以败诉告终。即便有法律依据,也能顺利找到发帖之人,按照当下的法律,只能是让他赔礼道歉,或者补上一万元精神损失费。可这样的结果是,发帖人出名了,对潘石屹却弊大于利。

他思虑再三,最后决定不了了之,将时间花在更有意义的事情上。

"这个时代既然是这样子的,除了认命之外没有别的办法。要把阻力当成助力,还有把这种逆境转化成前进的力量。在没有办法抗拒的时候,这是我们唯一能够做到的。"潘石屹总结说。

拓展透析

很多时候,事情并不能顺着我们的意志发展。面对阻力的时候,潘石屹认为只要恰当对待,阻力也可以化成动力。

1995年,史玉柱33岁。这一年他被列为福布斯中国内地富豪排行榜第8位,成为当时年轻人所崇拜的"中国的比尔·盖茨"。而这一年离他靠4000元创业起家仅过了6年时间。这时的他在人们眼里完全是一个志得意满的成功者。然而到了1997年,史玉柱最失意之时,负债2.5亿人民币,他笑称自己是"中国首穷"。从志得意满到无奈离场,也仅仅是3年时间。

然而通过努力,这位在别人看起来绝无可能东山再起的"中国首穷",转眼间拥有了数百亿元的财富。面对负债2.5亿元的窘境,史玉柱将阻力化为动力,他是如何做到的呢?

1. 深刻反省自己,认真总结失败的原因

失败后,史玉柱重新审视了自己。他分析说巨人倒下表面上看是因为巨人大厦,实际上是整个团队不够成熟,所以才摔了个重重的跤。

2. 针对之前的弊端,重新拟订计划

针对巨人团队的幼稚,史玉柱对团队进行了重组,使得团队的凝聚力有了大幅提高。同时,他还总结巨人倒下的教训,重新拟订了计划。

3. 对新计划实施后可能会遇到的问题进行分析

新计划拟订后,史玉柱并没有立刻付诸行动,而是对市场进行了预测,分析新计划实施后可能会遇到的各种问题,并找出了相应的解决方法。

4. 收拾好心态，重新上路

一切就绪，史玉柱鼓励团队要放下过去，重新振作起来，以必胜的心态迎接将会遇到的挑战。

这以后的岁月里，史玉柱小心翼翼地卖脑白金，投资银行股，进军网络游戏。2007年11月，巨人网络上市之后，史玉柱父女的总身家突破410亿人民币。在2007年胡润中国百富榜中，史玉柱以280亿元的个人财富位列百富榜第15位。可以说，如果史玉柱在阻力面前低头，就不会有今天的成就。正是因为他将阻力化成动力，才成就今天的"巨人"。

第四节　在乎该在乎的事

如果什么事情你都在乎，你就什么事情都做不成。

一个人要想做点事，你就应该抗拒周围噪音的干扰，要按照自己的意愿去做事情，别人的干预会把你的直觉和创造力破坏掉。如果什么事情你都在乎，你就什么事情都做不成。

——潘石屹谈创业者该在乎什么、忽略什么

背景分析

潘石屹一直是个备受争议的人物。有人说他的想法很疯狂，有人评价他的建筑出格，似乎他一直就是地产界的另类先锋。

从现代城开始，SOHO中国几乎每一个建筑都是在一阵口水中销售一空。潘石屹说刚开始遇到批评也很在乎，但他很庆幸最终并未将这些质疑放在心上，而是坚持走自己的路，最终挺过了一关又一关，一步步坚持到了现在。事实证明，潘石屹的房子很有存在的价值，用他的话说："别人制造黑白电视时，我们能不能想办法生产带色彩的；当别人都生产彩电时，我们能不能设计出遥控的。"

有人说，潘石屹太会炒作，太善于表演。在他看来，任何有助于推广的途径都是值得尝试的，当他发现一种能够更容易进行产品推广的手段时，很长一段时间都不去任何房展会上卖房。他的观点是：房子就是开发商的作品，如果不出来告诉大家它的特点是什么，他的房子就会没人知道，自然也就很难卖出去。而现在借助媒体的力量既可以省下高额的广告开支，又能获得良好的宣传效果，何乐而不为？

潘石屹从不否认自己对金钱的追逐，可在和邓智仁的一次谈话中，他成了"北京最虚伪的人"。潘石屹说人活着除了赚钱，还是有别的目的的。潘石屹此话一出就引来邓智仁的反驳："你太虚伪了，做了这么大的项目，赚了这么多钱，以后还要做更大的项目。赚钱就赚钱，还有比你更虚伪的人吗？"

此事经媒体曝出后，潘石屹短时间内就引得许多人的关注。对此，潘石屹深感无奈，但很快便释然了。他认为要是什么事都在乎，自己将一事无成。

拓展透析

潘石屹的事例告诉我们一个人要想做点事，需要抗拒周围噪音的干扰，在乎该在乎的事情。"现代管理之父"德鲁克也曾经说过："我见过的卓有成效的管理者几乎没有什么共性，他们在性格、知识和兴趣方面都迥然不同。他们唯一的共同点就是，将正确的事情做好，将不必要的工作砍掉。"

多年来，很多效率管理专家不断宣扬要有效管理时间，以便解决所有的问题。但是，有些人在细心研究之后发现这种观点中存在不合理的因素，即原本不需要努力解决的事情占用了人们过多的时间，而且当人们花费心思处理那些不重要的事情时，往往会忽略其他重要的事情。

曾经有个驯兽师在与人闲聊的过程中，听对方说从未见过骆驼倒着走。说者无心，听者有意，驯兽师回到马戏团就开始训练骆驼倒走的技能。日复一日，年复一年，驯兽师终于成功了。

这天又是马戏表演的日子，场内座无虚席，观众都在等待着一场视觉盛宴。这位驯兽师信心满满地登台，指挥骆驼表演了倒走的节目。然而没有想象中的惊奇与掌声，取而代之的是人们的疑惑。驯兽师透过观众的表情，这才知道他们对骆驼是否可以倒走并不感冒，自己这几年勤勤恳恳训练的时间算是白费了。

正如驯兽师悟到的那样，忙要忙在点子上，每个人的精力总是有限的，只有像园丁那样剪去不必要的那部分枝条，才能使树木更快地成长，增加果实的数量与质量。

为此，德鲁克还列举了一个例子来阐述他的观点。他说，有一位制药公司的总裁在最初几年把力量全部集中在研究工作上，但是该公司在研发方面一直没有优势，甚至连追随别人也感到吃力。他逐渐意识到，公司决不能再花5年时间去做别人5年前就已经在做的事情。他当机立断，改变了方向：放弃对别人的追随，对自己的优势进行了审视，对比分析后，他将精力放在了优势且未来前景广阔的项目上。结果不到5年，该公司就已在两项核心计划上居于领先地位了。

企业管理者的效率直接决定了整个团队的效率。如果管理者想把所有事情都做好的话，那结果肯定是什么事情都做不好。卓有成效的管理者在做事前有个习惯，他们首先会对遇到的事情进行考量，分清事物的轻重，然后把精力集中到重要的事情上来。

第二章
做事情就是要一根筋

第一节　做每件工作都是一次祈祷

把每一件工作都当成一次祈祷，往往离成功更近。

工作时要进入一种精神状态，这种状态应该是平静的、忘我的，在外人看来是有点孤独的，但自己内心是喜悦的。而破坏这种状态或者使人不能进入这种状态的情绪是浮躁、嫉妒、虚伪和仇视。前几天，看到一句话说"做每件工作都是一次祈祷"，我想这是对工作状态最确切的描述。

如果你也认为工作状态应该如同祈祷的状态，要安静，你就要尊重别人，在别人进入这种状态时不要去打扰他，不要大声喧哗。因为你这种浮躁会破坏别人的工作状态，使别人的工作没有效率，甚至干不好工作。同时进入了这种状态的人也要有抗干扰的能力，不应轻易被周围的笑声、喧闹声、电话铃声所干扰，即使被干扰也应很快地重新进入安静状态。

如果把每一件工作都当成一次祈祷，工作就不光是赚钱养家糊口的手段，工作的过程也会成为一种精神的享受，工作的成果就会成为富有创造性的作品。

——潘石屹谈如何对待工作

 背景分析

潘石屹的建外SOHO是由日本的山本理显设计事务所设计的。一次巡查时他对这个设计事务所的人产生了深刻的印象：这些人工作的区域十分整洁，没有人大声喧哗，也没有人打电话，大家都在紧张而忙碌地干着各自的事情。这

些人神情专注且又精神饱满，从他们身上，潘石屹丝毫感受不到通常情况下工作带来的压力与烦躁。

后来，随着工程的进展，设计事务所的人被安排在施工处不远的临时建筑内。潘石屹来查看工作进展时，内心十分诧异，每个人脸上的神情还是一如既往地专注，丝毫没有因为糟糕的工作环境而发生一丝的改变。他说："他们就像在祈祷，表现出一种强大的精神力量。因此我非常愿意加入到工作中来，以工作来祈祷获得更好的工作。"

把工作过程变成一种精神享受，潘石屹认为这是建立在充分领会自己工作的意义和价值的基础上的。如果多人一同办公，要达到这种近似祈祷的状态，需要同事间的相互尊重。安静的氛围靠一个人是维持不来的，只有每个人在他人工作时不打扰，相互谅解才可能达到。同时，如果个人达到了这种状态，要有一定的抗干扰能力，不管外界环境如何喧闹，都能专注自己手头上的事情。

拓展透析

潘石屹认为把工作过程变成一种精神享受，把工作过程变成祈祷，可以做出创造性的作品。无独有偶，"现代管理之父"德鲁克也认为，如果卓有成效还有什么秘密的话，那就是善于集中精力。卓有成效的管理者总是能集中精力，一次做好一件事情。这是提高效率的好方法。

执行任务时专注于心，是一个优秀管理者必备的良好品格。一个人不能专注自己的工作，是很难提高工作效率的。不少管理者每天处于忙碌之中，可是效率并不高，不是因为他们没有才干，而在于他们没有集中精力专注地去做最应该做的事情。

避免精力过度分散才能保证做事的效率，可是处于管理层上，繁杂事务太多，如何避免多头并举呢？优秀的管理者有两种解决办法，即依干扰性事务的重要性和紧迫性而定。

如果干扰性事务比手头正在做的事情更重要，那么立刻着手来做。记下手头所做事情的要点或思路，记下目前的进度，暂时将其放在一边，等完成干扰性事务后再接着做。

如果干扰性事务不如手头的事情重要，那么先把它放在一边，等完成手上的事情后再做。

保持高绩效的工作状态，还要有意识地控制自己的思维，使精力集中起来。专注是高绩效工作的必备条件。

第二节　仰望星空，让我们的行走更有力

理想，让我们的行动不至于迷失方向。

我们需要时而从生活中抬起头来，问问为什么，这样生活才不会失去方向，才不会与伟大的精神领域越来越远。问过了，得到解答以后呢？我看还是得继续埋头苦干，进入到工作的乐趣中去。

我相信，天外有天，有我们不知道的万千世界。

我相信，山的那边住着神仙，他会给卑微者荣耀，给贫穷者富裕；

我相信，老天爷长着公正的眼睛，注视着每一个人；

我相信，"种瓜得瓜，种豆得豆"，"善有善报，恶有恶报"；

我相信，赋予我们智慧力量的存在，在永远护佑着我们。我们在脚踏实地行走的时候应时时仰望星空，它会让我们的脚步更宽广，让我们的行走更有力，同时也让我们懂得虚心、敬畏和节制。

——潘石屹谈理想的重要性

背景分析

潘石屹当初辞职下海时，变卖了所有家当，结果也只有80多元。当时深圳已经成为经济特区，政策上有所倾斜，因此深圳成为一个富庶之地。深圳的富饶，吸引了大批人前去挖金。为阻止此类事情发生，一道长达80多千米的铁丝网将经济特区与其他地区隔开，此后，人们出入特区必须凭特区通行证。即

便如此，许多人为了生活，还是用尽各种方法钻进特区。

潘石屹买完火车票，身上只剩30多元。虽然早就听说钻铁丝网存在着极大的风险，但24岁的他一咬牙，花了十几元找人带领，钻过了铁丝网，进入特区。

1998年，海南成为中国第31个省级行政区，潘石屹也在浪潮中来到海南。可事情远没他设想的那般美好，1991年，海南经济陷入低潮，迫于压力，潘石屹漂泊到海口寻求出路。就在这段艰苦的岁月里，他结识了冯仑等人，也就是共同成立海南万通，与他并称为"万通六君子"的其他5人。

在成立海南万通之前，潘石屹等人本想承包一家叫作"大地公司"的国有小企业。双方相谈甚欢，当即签订合同。不过谁都没想到，第二天，正当6人准备开展业务时，原厂长反悔。

他们谁都没想到竟会出这样的事情，手上的活只得暂时搁置下来。潘石屹事后回忆说，当时没办法，只得举债自己注册了一个公司，也就是"万通"。

离开万通后，潘石屹与妻子成立了红石实业有限公司（SOHO中国前身）。2001年冬天，两个股东提议公司上市。潘石屹也想借上市给一直支持自己的股东一些回报，从华尔街走出来的妻子对上市也深表认同。年底，二人便与国际领先的投资银行和证券公司——高盛集团联系，探讨上市事宜。高盛对SOHO中国十分感兴趣，并邀请夫妻二人到美国考察。

不久，潘石屹便宣布SOHO中国将上市的消息。可好消息并未持续多久，中国电信海外上市的主承销商路演不利，这使得中国电信放弃原来的募股计划。此后，国外大环境急转直下，全美股票市场一片萧条，布什政府准备对伊拉克开战。此时国内爆发了"非典"疫情，投资者对"非典"期间的经济充满了疑虑。SOHO中国的上市计划，因为国内外环境的双重影响，不得不中止。

上市陷入困境，潘石屹重新梳理了公司的运营情况，发现现金流、预售状况并未受到太大影响，转而一心做小本经营。直到2007年，他翻阅其他地产公司的年报时惊奇地发现一大批地产公司上市后发展很快，这才决定二次上市。

潘石屹回顾以往岁月，曾深有感触地说："我觉得我的思想不管有什么变化，唯一不变的是理想没有破灭。"

第一篇 关键时刻之创业激情
SOHO人的闯劲永不衰竭

拓展透析

潘石屹怀揣着梦想，一路坚持，这才有了今天的成就。用潘石屹的话说，是理想支撑自己到现在。所谓"理想"或"梦想"，可以理解为对未来的规划。美国通用电气的董事长曾说："我整天没有做几件事，但有一件做不完的工作，那就是规划未来。"战略规划帮助管理者从长远的角度来思考问题，正确处理长期利益和短期利益之间的关系。那么身为创业者要怎样树立战略思维？

1. 找准目标

有了确定的目标才不会好高骛远，急功近利。创业者要有一个长远目标和多个短期规划。长远目标即是创业者心里成功的标准，根据这个目标确定短期规划，按步骤进行。短期的规划要根据自身的实际情况而定，可以以所在行业的成长趋势和成长速度作为参考标准。然后根据目前拥有的资金、资源、能力来确定每一个阶段应当达到什么目标，这个目标不要求多大，只要具体明确可行性强就足够了。比如在3年之内想要达到多大的规模、多少的营业额、多大的市场占有率等，尽可能量化、具体化。

2. 持之以恒

这是一件看似简单但实施起来非常有难度的事情。因为很多目标很难在短时期内看到成效，当别人的事业发展得很大而自己还在缓慢前进时，人们难免会急躁冲动。然而对于创业者而言，持之以恒是战略思维中非常重要的因素。如果制定了长远的目标而缺少恒心，结果往往不尽如人意。可以将目标制定得小一点，将实施时间确立得短一点。三年五年的规划几天内肯定体现不出效果，如果是几个月甚至是几个星期的目标就容易实现得多。同时要在创业过程中不断思考存在的问题及可能发生的情况，并采取切实可行的措施加以调整。

3. 懂得取舍

要有梦想而不要有幻想。梦想是鼓励创业者不断前行的动力，而不切实际的幻想只会干扰创业者的思维和选择。在创业初期，如果被过多的选择所干扰，沉不住气，那么创业只可能是以失败告终。创业初期还会有很多顾虑，想要创业的人可能有稳定的工作，有尚未还清的房贷，有嗷嗷待哺的小孩，如果顾虑太多，等到房贷还清了，孩子长大了，创业的时机可能也已经过去了。如果不能有所取舍，将会在顾虑和幻想中迷失方向。所以创业者要做的就是懂得取舍，抛弃那些创业路上的顾虑和不切实际的幻想。

那些急功近利、急于求成的创业者，非但不能比别人更早到达成功的彼岸，反而因为过于急躁在半路就会沉船。只有那些一步一个脚印，树立战略思维的创业者，才能取得最终的成功。

第三节　放低姿态，做空心竹子

低调做人也是一种智慧。

一定要从心里面觉得自己没有才能，不如别人。只有把架子放下来，只有把你的位置放低，放下你的身段，周围的力量才能帮助你，周围的人才能帮助你。你们想一想，我们和他人打交道，最讨厌的就是骄傲的人，他就认为自己各方面都比别人好，而这样的人一般很少获得周围人的帮助。创业一定需要好多人帮助，你才能成功。如果一个人总是端着架子，他是不适合创业的。如果在座的是有宗教信仰的人的话，能看到很多力量会帮助谦卑的人，实际世界上有好多看不到的力量和机会会帮助谦卑的人。这第一个品质就是团结和合作的品质。其实在今天这个时代，我们任何一个人，不要说创业，想要干事业，就是日常的生活，如果离开别人给我们的帮助，我们甚至生活都不能自理，我们喝的水、吃的饭、穿的衣服、用的麦克风都是别人提供的。所以我觉得作为一个创业者也好，一个普通打工者也好，包括你成家后，如何跟家庭成员，跟你的老婆、孩子、丈夫去相处，所以团结合作，尊重别人，把自己放低，这样一种品质在这样一个时代比任何一种品质都重要。这是我最大的一个体会。

磋商中要遵循的几条规律让我很受启发。第一，磋商中不要太在意面子，不要过于看重自尊。只有这样，你才有可能客观地判断别人的意见。第二，在磋商过程中，自己要像个空心的竹子，要放低心态，要谦虚。自己所处的位置较低，别人的思想和智慧才会被接收和流淌过来。如果这个空心的竹子被阻塞了，别人

第一篇 关键时刻之创业激情
SOHO人的闯劲永不衰竭

的思想和观点就无法接收，这时候的人其实是孤立的、封闭的。第三，要学会静默，学会倾听，多用耳朵，少动嘴。静默可以赶走眼前繁杂的思想对我们的干扰。我们的思想常常会被眼前可以看到的、无用的信息牵着鼻子走，这样一来我们就会失去自己的目标和方向，甚至失去了自己内心真实的感受。

磋商规定了我们要交流，这就要求减弱自我。自我太多，一切交流都会变成单方面表达的异常状况。

对自我的使用要像高明的厨师使用盐一样，以诚实来激发磋商对象的交流愿望，以谦和彰显对方意见中的优点。磋商的重要目的不就是找到彼此的优点，以便形成良好合力以解决问题吗？

——潘石屹谈像船锚一样埋没自己

背景分析

2011年10月6日，苹果公司联合创始人史蒂夫·乔布斯去世，潘石屹发微博调侃苹果公司应"大量生产1000元人民币以下一部的iPhone和iPad"，让更多人用上苹果以纪念乔布斯。潘石屹此语一出，很快遭到了网友的围攻。有人说："请潘总推出1000元/平方米的房子吧，十几亿人民都会纪念您。"随后有网友针对他的微博提出了房价新的计量单位——"潘币"，一潘代表1000元每平方米，10潘就是每平方米一万元；还有网友制作了"壹潘"币。

潘石屹在上海接受媒体采访时，被问及如何看待这一事件。潘石屹的回答是，不能太在乎自己。他认为如果此事发生在其他任何一个人身上，这人又太在乎自己的话，就很容易受伤。但如果放松心态，别把自己看得太重，结果就是另外一回事。这时候，你再看他人的嘲笑，就会内心坦然，从而能够从容面对。很多时候，无我的生存之道比过分强调自我更能获得他人的认同。

潘石屹也觉得自己很冤，SOHO中国多年前就已经专做商业地产，而民众却将高房价归结到自己身上。潘石屹知道错不在己，但也对民众的行为表示理解："人们在发泄愤怒的时候很容易聚焦，几千万人的注意力会很容易聚焦到一个人身上，这时候你再用辩论的方式或者其他的任何方式都没有用。"

事件发生时，潘石屹表示："我觉得如果要说的话，第一我没有任何调侃乔布斯的意思，我是乔布斯很忠实的粉丝。多少年来，我们学习的榜样就是乔布斯。第二是人们对高价房有意见，但他们是对住宅有意见，商业地产跟大多数人关系并不那么紧密，它完全是靠市场去调节的。"但他很快发现这样行不通也没必要。他意识到大家并不是针对他，也不是要他拿出什么解决方案来，大家只是通过此事发泄一下。想明白后，他也乐于当个戏台上的小丑，帮助民众缓解内心的不快。

潘石屹说自己经常看到不少名人因为没处理好一些争议，结果惹来一大堆的麻烦。本来人们可能只是想借你发泄一下不满，而你出来澄清，大家的矛头一下子针对你，到那时才真叫得不偿失。

他说自己一开始莫名其妙被群众推到了对立面，心急如焚，迫切想寻求解决之道。他联想到有网友设计"潘币"一事，索性自己设计了个"潘币"发到网上。事实证明，潘石屹的做法是正确的，博得观众一笑之余，误会也迎刃而解了。

针对此事，潘石屹在个人微博中这样写道："'自我'是自己对自己的偏见，导致自己总觉得自己是正确的，别人是不对的，而这往往就是战争的根源、争吵的根源，是团结最大的障碍，也是我们成长道路上最大的障碍。

"如果我们的生命像水杯一样，已经盛满了自我，盛满了各种各样的偏见、教条和迷信，我们就不能够接受任何新的思想，生命之杯就再也没有盛其他东西的空间了。"

拓展透析

"潘币"事件让潘石屹深深懂得了放低姿态的好处，其实很多著名企业家也正是领悟到放低姿态的好处从而成就自己的事业的，例如马云。马云说，只要放低姿态，尊重内行，即便你是外行也能获得想要的成功。

马云作为阿里巴巴掌门人，带领自己的团队，坚持信念，不抛弃，不放弃，终于取得今天的成就。很多人认为，马云既然开的是一家互联网公司，那他的网络技术一定差不到哪儿去，可事实上他是一个十足的外行。

但是马云始终认为：外行是可以领导内行的，关键是要尊重内行，这个是他总结出来的很重要的一点。再者，企业可以把最优秀的人请来。比如说自己不懂技术，可以把最优秀的技术人员请来；自己不懂财务，可以把最好的财务官请来；自己不懂管理，可以把最好的管理者请来。

要充分尊重内行，就需要管理者做到以下几点：

首先，管理者要正视自己的不足，这里的不足主要是技术层面的，术业有专攻，管理者不可能是各方面的全才，因此，管理者想要内行为自己办事，尊重内行，就需要认识到自己在某些方面的不足，尊重行业专家等的意见。马云这样一个互联网上的外行能够创建阿里巴巴，就在于他意识到自己在技术上的不足。

其次，放开心胸，海纳百川，赋予内行充分的话语权。管理者最忌讳的就是没有容人之心，自己在某一方面不懂，又不允许其他人提意见，一切以我为尊，这样下去后果不堪设想。马云和他的工程师从来没有吵过架，虽然工程师说的马云听不懂，但他还是尊重工程师的意见。

再次，管理者要对内行的方案有鉴别之力，尊重内行不等于所有事情让内行自行决定。有些事情可能从技术层面来讲是可行的，但实际操作往往和工程师的理想状态有偏差。马云认为再好的技术如果不管用，都是徒劳的。每次工程师做出来的程序，马云都会亲自进行测试，他虽然不懂技术，但他懂消费者，他知道什么样的程序才是消费者想要的。

因此，马云虽然认为"外行是可以领导内行的"，但他还是补充了一句："关键是尊重内行。"

第四节　成功的企业家一定是放松的

紧张只能加大做事的成本，把事情办得更糟糕。

为了发现价值，创业者要随时随地依据周围环境的变化而变化，并且随时随地地调整自己的企业和自己的心态。任何经典的教科书，教你如何做企业，教你如何取得成功，最后都只能成为你的额外负担。成功的企业家一定是放松的，只有放松心态才有智慧和幽默。紧张只能加大做事的成本,把事情办得更糟糕。

在别人看来企业就是要赚钱,功利性很强。但是太把赚钱当回事了,太急功近利地想着赚钱,钱就离你越来越远了。

——潘石屹谈放松心态做企业

背景分析

成功从来没有一个固定的模式。成功者的经验可以借鉴、可以模仿,却不可以生搬硬套。作为企业家,最核心的是放松心态,找到最适合自己的公司发展模式。

房地产业因为涉及金额巨大,在不少人看来潘石屹每天肯定是忙得焦头烂额,可事实刚好相反。1992年,他开车在北京城转悠,有人介绍了块地,他看后觉得不错,当即拍板。他说自己是在农村长大的,思想比较简单,所以不愿把事情想得复杂,让自己陷入两难的境地。

选择一个项目,潘石屹不会像其他人那样一次次地开会,对他而言,3个问题就可以决定,那就是这个项目质量如何,是不是会有很好的用户体验,是不是有广阔的发展前景。

在他看来,商场上没有什么固定的规则,企业管理者尽可能专、精,只有这样才能做到放松,为企业赚得更多利润。在潘石屹的世界里,不赚钱的商人是不道德的:"不赚钱你就不能确保自己的生活,不能给员工好的工资福利待遇,不能给国家上缴利税,不能给客户带来实惠。"

赚钱之道不在大而在于精。潘石屹认为专心做一件事才更有效率,企业管理者也才能更好地放松。当时万通采取多元化经营战略,摊子铺得太开,到全国各地去投资,结果经营过程中遇到了许多问题。他从这件事中得到的教训是,一定要专业化经营。因为范围一大,领导者就需要把精力分割到各个部分,这样一来,不仅累而且不容易做好。从万通出来后,潘石屹就暗下决心,今后只做房地产一项。

曾经有人劝他投资电池项目,潘石屹差点答应,慎重考虑后,他最终还是坚持只做他熟悉的行业。潘石屹说:"自己的事情就是为社会盖好房子,人只

第一篇　关键时刻之创业激情
SOHO人的闯劲永不衰竭

有专心才能把事情做好。"把精力投入自己擅长的项目上,这样才不会紧张。因为紧张只能加大做事的成本,把事情办得更糟糕。

拓展透析

正如潘石屹所说,紧张只会加大做事成本,有时候放松反而能收到意想不到的效果。然而,放松不是撒手不管,而是以放松的心态来处理企业面临的事情。那么,企业管理者怎样才能做到放松呢?

1. 正视企业发展过程中存在的问题或者可能面临的风险

有些企业家往往盲目自信,主观回避管理中或者产品上存在的问题。然而这些问题常常是回避不了的,只有对公司将会面临怎样的场面有一定的预测,当事情发生时才不至于手忙脚乱。

2. 为企业制订一个长期的规划

规划对企业发展的重要性不言而喻。公司在发展之初制订一个长期的规划,在发展的过程中,按照规划的步骤一步一个脚印地前进,成功也就不再那么遥远。

3. 立足创新

市场从来不缺产品,但从来都缺乏独特的产品。很多企业生产的产品同质化现象非常严重,这样企业利润无形中就会被众多的竞争者摊薄。而如果企业立足创新,生产出市场上没有的或者改进的产品,就不必担心利润被瓜分,企业也就可以从容面对市场竞争。

4. 正视团队的力量

"三个臭皮匠,赛过诸葛亮",集聚众人智慧,往往更容易成功。

5. 不给企业发展设定枷锁

企业管理者要正确看待企业的发展规模,不要一味地贪大求全。放松心态做好小企业,也可以收到意想不到的效果。

第三章
要做务实的理想者

第一节 相信你的眼睛,而不是耳朵

最重要的是要有自己的判断,相信你的眼睛,而不要相信耳朵。

聪明人不会随波逐流,他能往前走时就往前走,当别人还在往前走时,他认为该退的时候就退了。

在这个过程中,自己的独立判断是非常重要的,你要看到眼前发生了什么事,相信你的眼睛,不要相信耳朵。

1990年的时候,海口有两个数字引起我的注意:常住人口15万,暂住人口50万。而我当时去规划局看报建面积大约是人均50平方米,当时北京人均才7平方米多一点。一个穷得叮当响的地方,人均50平方米的住房面积,我感觉快出事了。

当时我们公司一共6个合伙人,4个人在海口的北方大厦开了一个会。冯仑说:"海南的房子炒得有点火了,形势不妙,我们该收场了。北方地盘大,有发展空间,我们得去占个先。"大家都同意。谈到让谁去,我说那就让我去。后来海南房地产崩盘,我并不是先知先觉。

——潘石屹论企业领导者要对市场需求有"解码能力"

背景分析

从学历来说,潘石屹并不出奇;论出身,他也没有显赫的家庭背景。他的每一次飞跃无不是从一次次重要的决策开始的。

1992年年初,邓小平南方谈话中提到要加快住房制度改革的步伐,一时

第一篇 关键时刻之创业激情
SOHO人的闯劲永不衰竭

间大批人涌入海南建房炒房，海南的房地产如火如荼地发展了起来。

一次偶然的机会，潘石屹了解到海口市的常住人口15万，暂住人口50万，而规划局当时的数据是人均50平方米。这几个数字引起了他的注意，海南当时尚未脱离贫困，这样的经济状况不可能消费那么多面积。预感到海南房地产炒得过火，形势不妙，潘石屹果断离开了海南。

仅仅几个月后，国内媒体纷纷报道说中国房地产出现了泡沫，价格太高，发展规模太大，之前还炙手可热的房地产业势头一下衰落了。潘石屹离开海南后，并未像许多人一样退出房地产市场，而是转战北京。当时北京的人均建筑面积才7平方米多点，有很大的发展空间。潘石屹凭借敏锐的嗅觉，预感到北京大有可为，于是来到北京继续做房地产生意。

潘石屹是有名的地段论者，一次考察后，他看好了大望路口的北京红星二锅头酒厂。当时的大望路一带是城乡结合部，出了名的脏乱差，而酒厂内的情形更是不容乐观，臭气扑鼻，污水随处可见。

他从污染背后预测未来这块地价值不可估量，可助理们不这么看，他们劝潘石屹三思而后行。次日潘石屹又拉着夫人张欣去看了那块地，本以为夫人会支持他，可同样遭到了反对。

在一片反对声中，潘石屹一意孤行，最终拿下了那块地，在其上设计建造了现代城。

1998年，邓智仁策划现代城的销售工作，可现代城推出后并未达到预期效果。当时，北京市政府推出大批量经济适用房，这对现代城的销售产生了很大的冲击。现代城的房子比临近的通惠家园价格翻了一番，不久，感到前途渺茫的邓智仁离开了现代城。

此时已是11月份，这个时段向来是房地产销售的淡季。邓智仁走后，潘石屹召集全部销售人员开会，要他们势必在短期内掀起一个销售高潮。他话音未落，所有销售人员都倒吸了口气，表示难度太大。潘石屹听后便鼓舞士气，给众人分析了现代城与其他经济适用房的不同之处。

就在邓智仁离开后不到10天时间内，现代城成交量大幅上涨。对此，潘石屹的理解是，这和五星级饭店与招待所的区别是一样的，卖的就是一个概念。

张欣曾这样评价自己的丈夫："潘石屹在商业决定和对市场解码的把握能力方面,我的确是佩服的。其实,一个商业组织的发展史就是一部商业决策史,商业就是一个决策套着一个决策,一个决定又接着下一个决定。从这个意义上说,决定一个公司业界位置和生存寿命的主导因素,首先并不是企业拥有或者掌控的资源,而是这个企业的领导者对市场需求的'解码能力'和商业决策水准。这个道理也可以解释为什么很多拥有很多土地储备和雄厚资金的房地产公司,并没有成为市场表现最好和最受社会瞩目的公司。"

拓展透析

企业领导者最重要的是对市场需求有解码能力,有自己的独立判断。"中国的很多企业失败,往往就在于比较浮躁,自己心里不够冷静,导致失去判断力。所以我认为在中国干企业,就要经受住两条:第一,耐得住寂寞;第二,耐得住诱惑。如果做不到这两条,你就很难把企业做好。"这是张瑞敏对中国企业家们的建言。

中国教父级CEO张瑞敏说过,他对海尔的根本定位毫不动摇,因为这种定位是任何组织长远发展和存在的根本动力。张瑞敏的许多决定之所以坚强有力,是因为他从来不为他人所动,相信自己的判断,努力坚守信念。

从另一个角度说,企业家必须和企业融为一体,他的喜怒哀乐关系到一个企业的发展。美国学者巴达拉克指出,沉静领导者有3种美德:克制、谦逊和执着。巴达拉克认为这3种美德就好比一辆车的制动系统,克制和谦虚是汽车的刹车系统,执着是汽车的油门。如果只有克制和谦虚,车就无法跑快,而只有执着,车就会失控。

海尔之所以能取得如今的成就,就是因为所有的克制和谦虚都是为了执着的目标。多少年来,海尔既定的目标和方向一直保持不变,而在实现目标的过程中,就需要做到克制。克制十分必要,竞争对手为了赢得市场常常会迷惑企业者,如果做不到克制,既定的目标也就不会实现。

商业生活中充满了不可抗拒的东西,而最难以抗拒的可能是没有足够的耐心。张瑞敏在创业多年来有一个体会:干企业就像跑马拉松一样,必须是速度、耐力和策略3个因素的有效配合。如果你不清楚自己有多大的耐力，外面的人一叫好，你就冲刺了，这不行，一定要心中有数，要有自己的判断力。开始你可以采取跟随战略，紧跟第一团队中最弱的，然后超越，最后超越最强的——这就是策略：把握你的耐力，然后决定你的速度。现在很多企业到了马拉松赛场，采取的是冲刺的办法，例如猛打广告，营业额很快上去了，又很快下来了。这样跑100米可以，200米就不行了，没办法持久。

第二节　正确的道路靠磋商选择

团结合作就是发扬磋商精神。

问：说到磋商我对潘总有一个问题，磋商就是两边商量着过日子，不能任何时候都觉得自己是对的。磋商相反的就是底线，还有人说的有道德底线、原则、不可欺，这个跟磋商两边的关系怎么掌握？

潘石屹：你要坚持原则的话，总是觉得别人是错的，自己是对的。这个原则其实是会变化的，许多年前我们不能接受台湾和香港实施的政策，其实中国大陆走的路也可能是磕磕绊绊的有好多问题，至少我们都积累了很多经验教训。如果我们大家都把这些经验教训互相借鉴、学习，是多好的事情。

磋商的大敌就是：你是错的，我是对的。我们常常吵架就是认为：你全部是错的，我全部是对的。

问：之前我们了解到除了您出了这本书，冯仑和王石两位房地产商都在出这种研究哲学的书，我想问的是，对于中国房地产业的发展，很多人有这样一个印象：中国的房价高了，我自己买不起房，就是因为你们把钱挣走了。现在房地产商接二连三出这种事，你们是不是作为房地产商来出书，这也是跟公众磋商的一种方式？

潘石屹：房地产发展到今天要特别感谢大家，尤其这些天天到网上骂房地产开发商的人。因为从商业的角度来讲，这也吸引了别人的注意。另外他有时间去骂的话，实际上他是有需求的。从这背后我们可以看到中国经济的高速增长，中国城市化的进程，这两个巨大的力量使许多人更加关注这个行业。

我们记得以前有各种"反对领袖"出来的时候，无论是中央电视台还是凤凰卫视台，只要让我跟他们对话，我总会答应。别人说你干吗要去？我跟这些反对派的领袖都对过话，因为我觉得在对话和交流的过程中，其实我能看到他们背后语言的一个逻辑，看到他们背后所需要表达的东西。我写这本书并不是给购房人，或者给网上批评我们、骂我们的人的，我觉得应该要超越这个，因为我觉得磋商是各个领域都需要的，夫妻之间需要，家长和孩子之间需要，老板和员工之间需要，建房子和卖房子的人需要，包括我们的政府和我们的民众之间也是需要磋商的。

我们面向着新世界，新世界的特征是什么？一定是团结的、合作的。离开了团结、合作，我们将一事无成。作为个人，离开了团结与合作，在现代社会就会变得生活不能自理，甚至到无吃、无喝、无穿的悲惨境地。要团结合作，唯有发扬磋商的精神，在更大范围、更深的领域去磋商，在全球范围内磋商。而以磋商作为前提，在磋商精神的指引下，在磋商这种独特的文化氛围下进行选举，这种"磋商＋选举"的民主方式可能更完善，更适合新世界。

摆在我们面前的路可能有两条：一条是学习和重复西方民主道路，把人的解放和自由放在第一位；另一条就是面向新世界，在磋商基础上选举，通过磋商去选择一条正确的道路。正确的道路也不可能一开始就选择正确，要不断地依靠磋商去反省、去修正。

——潘石屹谈磋商文化

背景分析

在潘石屹眼中，生命如草，草总是成丛而生，一棵草很难活得很久。他十分强调群体的作用，不过他并不反对自我的观念。他认为，自我应该有度，超过一个标准，成为自我就是一件坏事。对此，他还有个把自我比作盐的比喻；盐太少，人生就烹饪不出美味的菜肴；太多则是一种破坏。既要自我，又要群体，就需要磋商。

第一篇　关键时刻之创业激情
SOHO人的闯劲永不衰竭

要建立磋商文化，就需要个体与他人通过磋商达成合作，在潘石屹看来，人人参与的磋商才具有普世价值。"我们面向着新世界，新世界的特征一定是团结的、合作的。离开了团结、合作，我们将一事无成。作为个人，离开了团结与合作，在现代社会就会变得生活不能自理，甚至到无吃、无喝、无穿的悲惨境地。要团结合作，唯有发扬磋商的精神，在更大范围、更深的领域去磋商，在全球范围内磋商。"潘石屹如是说。

要达到磋商，就要人人抱持平等与信任的态度。SARS在北京肆虐的时候，一时间北京人在全国都变得不受欢迎了，潘石屹对此深有体会。一次他驾车出去给孩子买奶粉，却在关卡上被拦住了。到第一道关卡时，关长要他出去就别回来。潘石屹好说歹说，保证发誓，关长终于点头。买完东西后，他迅速赶回，可关长不在，底下人不敢放行。潘石屹费尽周折要来了关长号码，又耐心地请他帮忙，第一道关终于过了。第二道关有30多个人守在关口，他们上下打量着他，审问半天，这才放行。经过第三道关，人可以进，车必须留下。他无奈，只得拿上东西，往家赶去。

潘石屹回想这一天的经历，得出的结论是：他们不是在防病，而是对北京城里人的一种抗拒。他觉得之所以会产生这样的现象，就在于人们互相提防，相互之间充满了不信任感。人们互相不信任，怎么可能达到磋商？

潘石屹呼吁建立磋商体系，并认为在磋商过程中要坚持3项基本原则：品德、互惠、民主。潘石屹谈到磋商体系的建立时说："未来的秩序会是更公平、更正义的世界秩序，不能是美国华尔街就高人一等，赚的钱应该比别人多；冰岛人就只能捕鱼，想按旧秩序做投资银行业务，结果亏本了，就有人说，你们祖祖辈辈捕鱼的做得了华尔街的投行吗？这种说法的背后是偏见和不公正，和磋商能力的培养、新秩序的要求是背道而驰的。"

新的秩序只有在建立磋商的过程中完善。通过磋商去选择一条正确的道路，不可能一开始就选择正确，要不断地依靠磋商去反省、去修正。

拓展透析

磋商最大的好处就是能避免决策的片面性。许多企业的重大决策通常只是由几个甚至一个大脑决定的。这种决策方式带来的风险是：由于决策者个人掌握的信息有限，造成决策的严谨性与周密性不强；由于决策者对未来形势的变化估计不足，导致做出了错误的决策；由于决策者多数不是一线执行人员，导致决策指导不了操作，缺乏可执行性。因此，在决策的过程中，吸引更多相关的人参与磋商，尽可能进行群体决策，能够最大限度地保证决策的正确性。

群体决策是避免决策误区、避免决策失败的预防针。顾名思义，群体决策机制就是决策过程的广泛参与性，强调的是民主，不是一言堂，不是一人说了算。比如在制订战略计划时，不仅是企业的高层全部参与，而且还要让那些与战略执行相关的人员参与进来，比如战略的实施人员、相关领域的专家、各个部门的主管和代表等。

群体决策机制带来的好处是：任何决策在产生的过程中就赢得了广泛的情感支持，任何参与决策和执行的人不会把决定看作是上级的指示，而是将其看作是成员在磋商基础上形成的共同的意见。

但是群体决策机制可能带来的风险有3种：一是因为过于强调民主而使决策的形成过程成为平衡各家意见的过程，致使决策结果平庸化；二是因为过于鼓励发表不同观点而使决策会议上拉帮结派，使决策的讨论过程成为争权夺利的过程，降低了决策效率；三是决策过程越民主，决策的过程就越长，企业管理者很容易失去耐心，会轻而易举地做出决定，不仅使决策机制没有起到正向作用，反而出现了反作用。

南北战争爆发后不久，美国总统林肯开始为选任军事统帅发愁。为了解决这个问题，有一天，他将内阁中最重要的成员召集到白宫会议室。会议一开始，林肯就向大家强调：外面战火轰隆，我们的会议一定要有效率，我们要在今天为已经操练3个月的8万士兵找一个优秀的统帅。

在林肯的要求下，这些内阁大臣纷纷发表各自不同的意见，不一会儿，几个人便热烈地争论起来。在幕僚们讨论的过程中，有推荐司各特将军的，有推荐麦克道尔的，这些内阁大臣分成几派，不同派别之间针锋相对，相互指责对方所推荐的候选人的不足和缺点。现场气氛十分激烈。

由于被选任的人将承担最为重要的职位——北方军队的统帅，林肯和内阁成员们制定了具体的选人规则，即只有在2/3的人同意的情况下，候选人才能被任命。由于这个规则的存在，他们的会议从早上一直开到晚上，因为始终不能使2/3以上的人的意见保持一致，最终是毫无结果。

由此可见，群体决策虽然相对来说更为民主，但决策的过程往往需要耗费许多的时间和心力。虽然群体决策仍然存在缺点，但显然要比独裁、单人负责拍板的方式稳妥得多。现代企业面临的是一个复杂而又变化多端的环境，要想在竞争激烈的商场中立于不败之地，就需要管理者提高决策的准确性和正确性。管理者要想最大限度地避免决策失误，则需要充分发挥集体智慧，建立科学的群体决策机制，以集体智慧来保证决策的成功。

第三节　自行车不到，走一段就换汽车

特立独行，换一种方式，把不可能化为可能。

我骑自行车，有人说路太远，你骑自行车走不到。但我走了一段换成汽车，天黑以前我就到了。我开汽车时他们又说，前面没路没桥有一座山，你过不去。我照样往前走，到了山前我换了一架飞机飞过去了。只有特立独行，不做大多数，才能把别人认为不可能完成的任务变成可能。

——潘石屹谈做企业需要灵活思维

背景分析

"教条主义会使人迷失方向。"潘石屹经常这样告诫自己。纵观SOHO中国这些年所做的决策就可得知潘石屹绝对不是被条条框框束缚的人，他的这一性格特点在SOHO中国的商业模式上得到了充分的体现。

SOHO中国的独特之处便在于找到了适合其发展的第三条路。原来一般房地产商建房子后要么出租获取租金要么整体出售，潘石屹刚开始也是准备按照一般套路将房子整体出售，可经过一段时间的市场摸索后，他发现这种做法并

不适合所有公司，因为中国的财富远没有西方发达国家那样集中，真正有整栋楼购买力的机构并不多。而有能力购买整栋楼的机构常常会添些附加条件，而这些条件往往是公司不能允许的。出于这两点考虑，他果断放弃整体出售的方式，改成散售，即开发商将商铺卖给小业主，然后再协助其出租招商。

  与散售相适应，潘石屹不久又做出了另一个惊人举动：将物业出售。潘石屹为什么要将物业管理这一块肥肉拱手让人呢？潘石屹事后回忆说："物业管理看似简单，实则牵扯到太多的因素。SOHO中国是以设计和销售产品为主的，根本没有自己的物业管理团队，自然也就没有能力管理物业。"事实证明这个选择是明智的，物业销售不仅比物业出租为公司带来更高的资金回报率，而且提高了资金使用率。同时没了物业管理的"包袱"，SOHO中国的员工可以把心完全放到楼房的设计与销售上。不过，将物业出售对房地产公司而言毕竟是一种挑战，SOHO中国的这种做法也曾给自己带来了不少麻烦。比如建外SOHO物业出售后就出了问题。由于当时建外SOHO由两家物业公司"共管"，没有明确的职责分工，造成一些问题长期得不到解决。2009年11月，小区被迫停电停暖停热水，业主和物业的矛盾激化。这件事虽说与潘石屹的公司本身没有直接关系，但多少还是影响了公司的声誉。

  2013年8月，SOHO中国宣布了一则重大消息："公司将告别散售，持有北京、上海有价值的物业。"这项决定无疑又一次在房地产界引起了不小的震动。潘石屹认为，随着时代的发展，SOHO中国组建自己的物业管理公司才是顺应社会潮流的，告别散售也是基于未来一段时间内本国社会发展水平、人们购买力等考虑的。如果说"散售"是自行车的话，那么"自持"则是汽车，散售这辆自行车已经不能帮助SOHO中国快速前进，为到达目的地，潘石屹换"自持"这辆汽车也是明智的选择。

拓展透析

  做企业最讲究的是灵活思维，当自行车不能到的时候，我们就应该想到开车。有时候，换一种思路，绕开困难险阻，可能会别有一番天地。就像打井，如果在一个地方总打不出水来，你是一味地坚持继续下去，还是寻找另一个更

第一篇　关键时刻之创业激情
SOHO人的闯劲永不衰竭

容易出水的地方打井？

善于在忙碌中找方法的人，总是会在适当的时候"换地方打井"，以达到最好的效果。史玉柱是这方面的专家。就在众多网游产品凭借收费模式瓜分网游市场的时候，史玉柱转变了思路，用"免费游戏"这一理念成功打开了缺口。2007年3月23日，《征途》同时最高在线达到86万，遥遥领先于同类网游，成为中国最火爆的网游产品。

巨人凭借其"免费游戏"模式的良好表现，荣获"2006—2007年度中国互联网市场年度创新商业模式"大奖，成为唯一一家获此殊荣的网游企业。对于《征途》后来者居上态势的原因，史玉柱总结为打破行规，不断创新。他说，自己的特点是不按常理出牌，只是按照自己的思考去做。

史玉柱对行业规则从来就不理会，但他并没有蔑视规则，而是自己琢磨规则，创造规则。他以前做过很多行业，他认为网游行业是思想最保守，最不善于创新的行业，但他觉得娱乐行业不应该这样，为此他进行了创新。他表示会吸取巨人以前的教训，坚持走自己的路线。

面对众多竞争对手的质疑，史玉柱宣称："《征途》的成功是产品的成功，有一些专家发表评论认为《征途》是'搅局者'，大概是因为我们没有按规矩来。我们不在乎形式，只要玩家喜欢、开心，他们提出的要求合法合理，我们都会尽量满足。"

史玉柱本人作为游戏玩家的体验使他比很多从业七八年的网游公司老板还了解网络游戏，从而更好地把握了玩家的需求。最终，商业经验丰富且对玩家心态有深度把握的史玉柱成为规则的颠覆者。

在史玉柱看来，网游行业虽快速成长，但因为行业较年轻，是一个"没有太多资本积累，同时心态浮躁，却爱因循守旧"的领域。行业规则的合理性是和产业发展阶段联系在一起的。目前处在初级阶段的网络游戏，难免会面临阵痛，需要冲击，需要有人站出来打破旧的规则，史玉柱就要做这个吃螃蟹的人。在他的网游公司，研发人员基本来自其他网游公司，对所谓行规非常了解。他要求研发人员在遵守国家法规的前提下从思想上放弃行规的约束。

按照传统来说，网游厂商固定的研发运营轨迹是按内测、公测到推出正式版本。但是自从进入网游以来，史玉柱一直在打破行规。巨人网络首款游戏

《征途》在内测期间即向玩家开放，而且刻意改变所谓正式版本不能更改的行规。运行了一个多月后，2005年12月20日，还在内测阶段的《征途》便宣布游戏"永久"免费。从此之后，免费成为国产游戏的主流模式。

在史玉柱看来，"网游是所有行业中最保守的行业"。他认为韩国人制定的游戏规则并不是法律，并不是不可违背的，《征途》正是因为无视了这些规则，打破了这些僵化的规则，才成功的。

对于跳过成熟的模式，打破僵化的规则，史玉柱认为是有利有弊的。好处就是不受条条框框的限制，容易创新；缺点是不熟悉行规，这方面经验不足。正如在《征途》这个游戏的细节方面，史玉柱是不能参与决策的。他觉得自己只能站在玩家的角度，从大的方向把握一下；微观上他还是站在玩家的角度，觉得哪个地方不方便，哪个地方怎样做更好。这个时候他不是以领导者的身份，而是以玩家的身份和团队沟通。

史玉柱正是站在玩家的立场上，"变主为客"，充分了解市场，把握了消费者的心理和市场动向，开创了网游的免费模式；他以后进入者的身份创新规则，"变客为主"，开创了先河，取得了成功。

第四节　进来出去的每一分钱都是有原则的

金钱在社会上有自己的规则，因此不要把金钱纳入自我。

问：所以像您这样一个房地产公司，基本上是和利益群体没有什么太大的交道。

潘石屹：有的时候他也是千方百计地让你去跟这些公司的关联单位合作干什么东西，可是我们只要定了这个原则，哪怕这块地我们拿不到，再大的损失我认了，这个路子我不走了。其实大家都看到，有好多特别好的地，其实别人说是，就我们出个名后面出点钱，或者是后面占上一点股份什么东西，所有这些东西，我说我作为上市公司不能行贿受贿一分钱，第二也不和任何公司合作，合作的过程中他可能占点干股，我说这些东西都没有了不存在。

第一篇　关键时刻之创业激情
SOHO人的闯劲永不衰竭

问：就像您这样一条路走，这段我相信是哈佛校友会愿意听的，原因是这些哈佛毕业的同学回来，也都跟张欣很相像，他们刚回来，如果从开始就这样的话，他实际上就融不进这个社会，什么事都没他的份，他就干不下去，我今天就想采访一下您，像您坚持这样走的话，是不是到时候就拿不到地了，还是能走出一条艰苦的路，这条路也能活得比较好，这是我觉得他们特别愿意听的一个结果。

潘石屹：我觉得你就一定要相信正义的力量，背后有一个正义的力量，所有雕虫小技乌七八糟的东西对你来说都是负面的东西，你这个月拿不到地，你下个月就会拿到地。如果是宽松的货币政策拿不到地了，或者政策一吃紧，拿到地的人还得要转给你，所以我觉得这些东西根本不用愁，而且最重要的是你每天晚上睡觉的时候很踏实。

问：您以前也还是不踏实过的，才知道踏实的好吗？

潘石屹：对，是有一个慢慢转变的过程，十几年的时间是一个慢慢转变的过程。原来觉得这个错误有的时候也可以犯一下，最后才明白，对于金钱，原则上所有的错误都不能犯。

在生活中，我对待金钱的原则就是，进来的每一分钱，都是有原则的，都是有依据的，都得问一问，这个钱是怎么进来的。钱的到来一定遵循着依据，而钱的出去也遵循着原则。我的原则就是各种依据，市场的依据、法律的依据、政策的依据。这些依据保证我的钱能有活力且无害地流动着。

金钱在社会上有自己的规则、规律，你对它瞎指挥，胡乱花，它会惩罚你。即使你是一个拥有海军陆军飞机大炮的政府，胡乱用钱也会受到惩罚。

金钱是流通物，从这个口袋流到那个口袋，如果没有满足人们真实需要的商品的迁移，钞票这种信物就没必要存在。人们需要满足，并非需要钞票。钞票永远在流通，不会停在某一个人身上不走，因此没有人可以算作财主。贤哲说"钱财乃身外之物"，就是告诫我们不要把金钱纳入自我。

——潘石屹谈对金钱的态度

背景分析

房地产行业因为涉及金额巨大，利润丰厚，被称为原罪最重的灰色行业。

房地产发展商赚多少钱谁也不知道,但房价一直飞涨有目共睹。作为房地产业著名开发商,潘石屹自然被推到了风口浪尖。

潘石屹认为不赚钱的商人是不道德的,王石表示不做25%以上的利润时,潘石屹却答道:"他不做,我来做。"话音未落,群众哗然。在他看来,商人都是逐利的,作为一个企业家,其使命就是最大可能去创造财富,然后才有机会回报社会。只要能给社会创造财富,就是值得尊重的,自己每年给政府缴纳巨额税金,因此有点财富也不过分。

潘石屹的这种商业价值观常常引发社会各界人士的讨论。虽说他从未上过财富榜,但他近些年来频频在媒体上露面,俨然就是成功人士的代表。这时恰逢税务部门审计部门的大批人员进驻公司进行例行税务检查。这本是再平常不过的事情,不过因为2002年刘晓庆偷税漏税一案,SOHO中国是否涉嫌违规引起了大家的纷纷猜测。

他见难以打消众人的疑虑,索性让财务部门把几年来公司给国家交税的情况整理清楚后公布于众。很快财务部门给他呈上了报表,潘石屹欣慰之余,不忘再三嘱托财务人员坚持一个原则,那就是不做一分钱的假账,不偷税漏税一分钱。

谈到对钱的看法,他的回答很质朴:"我觉得是个缺什么补什么的问题,原先没有钱的时候,钱在我心目中非常重要,想尽一切办法去挣钱,而现在只是个数字。"

拓展透析

许多人都认为潘石屹聪明,不过他的聪明决不仅仅在于他善于把握时机、深谙营销之道,更重要的是他懂得进退,能够合理平衡金钱和欲望的关系。金钱的诱惑太大,多少人在它面前失去分寸。因此在企业管理中,为了保证进来出去的每一分钱都是有原则的,就要明确每一个相关人的责任。台塑的财务及各项管理制度,从建立至今,由于台塑人的致力推行,并在实践中不断地发现问题并及时修改,已然形成一套较为完善的体系。

台塑的责任中心共分3个层次。第一层按产业把下属企业分为若干个事业

第一篇 关键时刻之创业激情
SOHO人的闯劲永不衰竭

部,以事业部为中心进行责任体制运作。事业部实际就是通常所说的"投资中心",有权自行制订产销计划、营业业绩、产品定价,提出投资计划,自主安排人事。

在事业部之上有两个机构,一个是总管理处,负责整个事业部的采购、财务、营建、法律、工程发包、出口、土地以及对外公关。总管理处是企业内部的管理机构,而不是独立的法人组织;另一个是参谋机构总经理室,负责企业管理的电脑化、内部稽核、预算、投资的审核和专案改善,事业部提出的投资方案或预算方案拟订后须送到这里进行审核。

第二层:由于事业部规模仍很大,所以有必要进行再分解,按厂别或产品划分为若干个利润中心。利润中心独立计算损益,以利润为指标考核业绩,整个集团共有180个利润中心。

第三层:利润中心再次细分为成本中心和费用中心。费用中心一般为企业提供一定的专业性服务,通常不能产生可以用货币计量的成果;而成本中心则为企业提供一定的物质成果,但不便或不必对它们进行货币计量。

成本中心将要控制的成本项目详细列出,如质量、产量、人事及能源耗费,这些项目又称为"绩效项目",用以评估成本中心的绩效。目前集团内大约有4000多个成本中心和费用中心。

责任中心分解之后,落实责任经营的方式就是目标管理。台塑的目标管理是对成本中心每一绩效项目确立目标、执行然后分析,并对偏差进行调整。这套目标管理可分为3个环节:标准成本、差异分析和差异处理。

1. 标准成本。台塑用单元成本分析法来制定目标成本即标准成本。所谓单元成本分析,就是对每一绩效项目都探求其成本发生的根源。单元分析是总经理室会同成本中心共同进行的,并由电脑控制,把所有改善方案的期限、负责人名单输入电脑,编排立案号,以保证计划得以如实、如期进行。

2. 差异分析。对目标执行的分析评价主要由会计部门负责,会计部门除报送普通会计账册外,还需进行以下工作:各利润中心的利润绩效成果与目标的比较;利润中心损益差异的分析;针对每一种产品规格进行赢利性分析,供营业单位做促销计划或争取订单时参考;对每个利润中心的绩效差异作出分析。

3. 差异处理。为了激励责任中心积极追求目标的实现,台塑对每个绩效目标达到的程度,依每个部门性质的不同,根据不同考核项目的比重发放奖金。

为了贯彻压力管理,台塑采取了中央集权式的管理制度。为此,台塑设立了一个运筹帷幄的指挥中心,以控制下面的16个事业单位。台塑总管理处总经理室就是在此情形之下于1973年设立的。

它的主要功能有二:一是各项管理制度之拟定、审核、解释、考核、追踪、改善等;二是对各子企业之经营计划协助拟订与审核,并作经营可行性分析。所以,各事业单位,大到新投资计划的评估,小到放假的宣布,都要先经过总经理室的审慎考虑之后再交由上级裁决,然后下达命令给各子单位。

同时台塑总管理处的总经理室还有200余名幕僚。总经理室的工作特色不单只对各事业单位做消极性的检核。检核的最终积极面就在发掘问题,进而针对问题拟定改善之对策,再与事业单位共同研讨,交付该单位执行,再做定期跟催,以评估改善方案之实效,并了解该方案有无修订之必要。

在责任会计系统中,把每个内部单位称为"责任中心",即企业内部负有特定管理责任的部门或单位。作为责任中心,必须有十分明确的由其控制的行动范围。台塑的三层次责任落实和控制值得我们借鉴。

企业标准成本系统是为克服实际成本计算系统的缺陷并提供有助于成本控制的确切信息而建立的一种成本计算和控制系统。在标准成本确定时,台塑采用的是目标式管理,进行差异分析和处理,以追求合理性。

同时管理者还要注意,目标成本管理的成败很大程度上取决于决策者是否真正了解目标成本管理的内容,是否有采用此种方法的强烈愿望。他们必须事先搞清楚:目标成本管理对企业的重要性是什么;如何发挥其作用,其优点和不足是什么;目标成本管理是否适合本企业,管理者是否愿意花费时间和精力坚持下去;是否具备推行目标管理的条件,即适宜的管理气氛、合理的组织机构和有效的信息系统;现在是否是开始推行的适宜时机,等等。在没有认真考虑这些问题之前草率起步,盲目推行,效果往往不好。

guan jian shi, pan shi yi shuo le shen me

Article 02

第二篇

关键时刻之战略思想
要成功就得特立独行

第四章　坚持做大型"小公司"
第五章　别人都干的事情你别去干
第六章　在竞争中强大自我

第四章
坚持做大型"小公司"

第一节　要有做小公司的心态

企业领导者不要贪大，有一个小公司的心态是非常关键的。

问：任志强评价你的公司是个夫妻档，只有像华远、万科那样的企业才谈得上公司治理结构。你怎么看这个问题？你的经营理念是什么？

潘石屹：公司的价值不是由大小来评判的，而是取决于对社会的贡献多寡，取决于你给社会生产了什么样的产品，给社会带来了哪些附加价值。社会贡献在市场经济中会表现为利润，表现为上缴国家的税金，这也是衡量一个公司成败的标准。任志强的意思是不比贡献，比谁的结构好，他始终觉得我是游击队，他才是正规军，大家衡量的标准不是一个。

我在西北农村生活了14年，这段经历是我的宝贵财富。西北的冬小麦是在秋天播种的，如果这年秋天冬小麦长得特别旺，农民就让牛吃、让小孩踩，不要它长得太旺。如果长得太旺，经过一个冬天就会冻死。以此类推，增长速度太快，超过自己的能力，这些企业就可能面临同样的灭顶之灾。民营企业的增长一定要量力而行。

事实上，市场上绝大多数公司都是小公司，小公司才是自然的状态。小公司应该是液态的，无论市场是方的还是圆的，小公司都可以倒到里面去，充满每一个缝隙。做好小公司，首先要有小公司的心态，企业领导者先不要贪大。

小公司的小，不是说营业额小、雇的员工少、交的税少，小公司是一种心态：管理效益要高，成本要低，小公司要发挥每一个人的创造力。

我们的年营业额是40亿，但我时时处处把SOHO中国看作是小公司，最关键

第二篇　关键时刻之战略思想
要成功就得特立独行

是要有小公司意识。孟子说"生于忧患，死于安乐"。如果天天想着你是一个大公司，内部效率上不去，就把公司创造力削弱了。有一个小公司的心态是非常关键的。

——潘石屹谈小公司的妙处

背景分析

1992年潘石屹刚做房地产的时候很欣赏美国模式，那时候他看到麦当劳卖汉堡包、可口可乐卖饮料都能成为世界500强，希望按照美国的这种发展模式做一家大公司。但3年后有几百年历史的巴林银行倒闭的消息让他对大公司有了清醒的认识：公司大会带来很大好处，同时也带来很大的风险。

"有些企业在风平浪静的日子里拼命扩张，扩张的速度不只是施了肥的速度，而像是吃了激素一样迅速成长；有些更是拔苗助长，导致企业资金链条安排十分紧张，当经济波动到来时，金融危机和宏观调控新政策到来时，最先出事的往往就是这一批企业。还有一些企业虽未倒闭，但已经濒临死亡，这样的企业已不能为社会创造价值，只是在死撑着，浪费资源的同时还占据着空间。"潘石屹如是说。

对于快速扩张的企业，潘石屹曾借用甘地的一句名言来说明："地球上提供给我们的物质财富足以满足每个人的需求，但不足以满足每个人的贪欲。"

多少年来，潘石屹亲眼目睹了中国建筑界的好大喜功，如宽阔的马路、巨大的广场、亚洲最高的楼。鉴于这些历史教训，潘石屹提出"小的是美好的"主张，坚持做"大型小公司"。

SOHO中国的商业模式与中国其他房地产企业相比有些另类：它既不像碧桂园那样大肆圈地，也不像万科在全国各地建楼。连续多年稳居全球华人首富宝座的李嘉诚曾有一句投资名言：决定房地产价值的因素，第一是地段，第二是地段，第三还是地段。地段在房地产界有着举足轻重的地位，潘石屹本人也是地段论者，因此SOHO中国名下120万平方米的土地储备几乎都位于北京中心城区。

他表示未来SOHO中国有限公司仍然会坚持以往的发展方向，坚持在一个行业——房地产发展，坚持在一个城市——北京发展。对于自己的谨小慎微他给出了这样的说法：我们的重点是商业地产，重点是北京，现在95%以上的开发商都在开发住宅，可是在城市化方面，办公楼还是有缺口的，未来的缺口会更明显。

2007年SOHO中国上市，募集了100多亿资金。2008年1月，SOHO中国对战术作了调整：死守北京，调查研究上海、天津市场。潘石屹对未来充满了信心，曾表示即使经历危机再有3年，也不会让公司遭受灭顶之灾。

在一次关于房地产企业市场竞争的讨论中，有些人认为大鱼吃小鱼，小公司终会被市场淘汰。潘石屹对此不以为然，他认为衡量一个公司是好公司还是坏公司，不能按大小来划分："大公司不一定强，小公司不一定弱，市场真正淘汰的只会是那些给社会创造价值小的企业。"

从年营业额来看，SOHO中国绝非小公司，但潘石屹时常嘱托员工要把它看作一个小公司，最关键的是要有小公司的意识。因为公司大了，内部效率就会很低，船大了就掉不了头，容易受到致命的打击，这是潘石屹不愿看到的。大公司往往因为存在各种烦琐的程序，容易遏制人的创造性。当人们把时间都放在处理各部门沟通问题上的时候，工作效率就难以得到保证。

近些年来，得益于互联网的迅速发展，潘石屹更加坚定了做大型小公司的信心。他认为，现在的小公司已经和大公司不在一个竞争层面了，大公司之前因为进货渠道、物流等"大"的优势已经受到削减。阿里巴巴的成功，更让潘石屹看到小企业的发展态势，他对此总结说，小企业因为小，才能更加灵敏地对危机做出反应，以及把握住机会。

通过这些年的实践，潘石屹尝到了小公司甜头，在他看来，"为了适应更快的创新速度，大公司也必须做小：要么分拆成好几家小公司，各自专注于自己的业务，以保持灵活性；要么压缩公司内部的层级，加快信息的流转"。

拓展透析

并不是所有人都能像潘石屹这样拥有做小公司的心态，在以大为美的时代，很多企业还是会贪大。贪大有两个含义：一是贪规模；二是贪大利。前者

第二篇 关键时刻之战略思想
要成功就得特立独行

表现为，尽管是在起步阶段，也尽可能地将摊子铺大。后者的表现则是，很多管理者把小利润看作是无足轻重的，认为只有捕捉到鲸鱼才是真正的出海。殊不知，以新创企业那么瘦小的身板，即使是捕捉到鲸鱼，也有可能被噎死。

阿里巴巴和淘宝网是中国最成功的电子商务网站。探究它们成功的秘诀，就在于创始人着眼于小利来设计企业的发展战略，抓住小利，而不是将企业的未来押在大利上。在一次名人访谈节目中，博鳌亚洲论坛秘书长龙永图问了马云一个问题：你（阿里巴巴）现在供应商当中有多少是中小企业？

马云的回答令龙永图有些吃惊："我们现在整个阿里巴巴的企业电子商务有1800万家企业支持会员，几乎全是中小企业，当然沃尔玛也好，家乐福也好，海尔也好，甚至GE都在我们这儿采购，但是我对这些企业一点兴趣都没有。"

龙永图听完后笑着说："难怪人家说你是狂人，口出狂言。"在场的人们显然都不太相信马云的大话。怎么可能会有对大客户不感兴趣的企业呢？

马云不慌不忙地解释道："我只对我关心的人感兴趣。我只对中小型企业感兴趣，我就盯上中小型企业；顺便淘进来几个大企业，它们不是我要的。我相信是虾米驱动鲨鱼，大企业一定会被中小型企业所驱动。所以我那时候就想企业在工业时代是凭规模、资本来取胜，而信息时代一定是靠灵活快速的反应。我唯一希望的就是用IT、用互联网、用电子商务去武装中小型企业，使它们迅速强大起来。"

马云要做的事就是提供这样一个平台，将全球中小企业的进出口信息汇集起来。"中小企业好比沙滩上一颗颗石子，但通过互联网可以把一颗颗石子全粘起来，用混凝土粘起来的石子们威力无穷，可以与大石头抗衡。而互联网经济的特色正是以小搏大、以快打慢。"另外，马云还考虑到亚洲是最大的出口基地，阿里巴巴可以以帮助全国中小企业出口为方向，他相信中小企业的电子商务更有希望也更好做。

在创办新事业的过程中，"一夜暴富"或"一口吃成胖子"的梦想往往难以实现，贪大求快只会让自己死得更快。利润的薄厚、企业规模的大小不是关键，关键在于企业能否长久赢利。因此，新事业要从自身实际情况出发，从小利开始做起，莫要让追求规模和利润压垮了自己。

总之，一味贪大，用豪赌代替实干精神的结果只能是失败。企业不要盲目追求扩大规模，想要做"大"必须先做"强"，从小处做起，在有了牢固的基础之后，才能有稳固的大楼。

第二节　听不明白的不做

> 不要把时间和精力放在你不懂的领域。

后来我对在万通的那段经历作了反思，万通当时最大的问题是多元化经营，摊子铺得太开，到全国各地去投资。所以我得到的教训是，一定要专业化经营。1995年年初从万通出来后，我就下了决心，今后只做房地产一项。如果你要问我为什么不做别的行业，大家都知道我不是没有钱做，而是"听不明白的不做"，这就是我的投资原则。

每一个充满竞争的行业都有（各种）有形和无形的门槛，只有积累了很多年的商业感觉、人脉资源和实力的公司，才能成为该行业的领头羊。

同样的化学硅，IT业做出来的是芯片，建筑业做出来都是砖头。芯片是几克几克地卖钱，砖头是几立方米几立方米地卖钱，这确实有些让人不服气。不过我目前不会投资IT业，对自己听不明白的事，我不会投钱去掺和。

SOHO中国的主营业务还是房地产。我的长项不是酒店经营，我的长项还是卖房子。我想把全部精力集中到卖房子上。

——潘石屹谈自己的投资原则

背景分析

2005年SOHO中国有限公司与凯宾斯基酒店管理集团签订了长城脚下的公社的委托管理协议。潘石屹在会上宣布将长城脚下的公社委托给凯宾斯基代为经营。消息传来，人们纷纷猜测公社内部运营出现了问题。对此，潘石屹表

第二篇 关键时刻之战略思想
要成功就得特立独行

示,此次签约只是为"公社"找了一个管家,利用凯宾斯基专业的酒店管理经验及全球网络优势,另外也想借此扩大"公社"的经营规模和社会影响。

其实,潘石屹出人意料的举动还远不止这些。在万通如日中天时,他毅然离开了万通。在万通的创业历史中,他和冯仑的合作被看作是"天作之合"。冯仑代表了中国传统的政治经验和智慧的精粹,而潘石屹身上则有鲜明的商人特征:精明、果断、富有创造力。可以说,万通在北京房地产市场风生水起,与二人的密切配合关系密切。

万通新世界广场做完后,当家几人赚得盆满钵满。可就在大家的欢呼声中,潘石屹离开了万通。原来此时万通的触角已伸到房地产、通信、信息咨询、服装、保险、证券等多个领域,潘石屹坦言,自己对这些领域一窍不通,自然也不知道如何做,既然不知道,只有趁早离开。

离开万通后,他将全部精力放在房地产上。多年前,潘石屹去美国时曾经有不少基金公司的经理为他讲述未来IT业的发展前景,请他投资互联网,可无一例外都被他拒绝了。后来,听说曾经找他投资的人和他人合作创办了新浪网。现在他听到"新浪网"这个名字时,内心总会有点触动,如果当时答应下来,现在新浪网早就是自己的囊中物了。可被问及是否后悔过时,他仍坚持自己的理念。对他而言,自己的事情就是为社会盖好房子,虽说顶级相机、最新版iPhone和iPad不离手,但这不会动摇自己不投资IT业的信念。

不仅是对自己不懂的行业不做,甚至连自己熟悉的房地产,潘石屹也会有所取舍。在房地产业发展初期,大多数房地产商还将经营集中在买地、建造、盖房、管理等一条龙服务上时,潘石屹就已经在专业化的经营方向上摸索了很久。

他认为,我们所处的是高度专业化分工的时代,任何一个人吃的、穿的、用的,包括住的,95%以上的产品和服务都是别人给我们提供的。任何个人、公司甚至国家,只有积极地参与到社会化分工中来,你给别人提供服务,也让别人给你提供服务,这样大家才能共同进步和发展。

潘石屹声称自己公司的策略一直是做专业化,不搞大量的土地储备。"我们的优势是设计和产品,我们的弱项是前期工作。"潘石屹不仅这样说,也是这样执行的。他们的土地几乎都是通过"鸡蛋换粮票"的方式取得的,虽说这样价格要比之前高出很多，但可以更好地把精力放到设计和建设上，那才是SOHO中国的强项。

🎨 拓展透析

  俗话说"隔行如隔山"，进入一个自己不熟悉的行业，其困难程度是可想而知的，因此潘石屹才会说："听不明白的不做。"进入一个不熟悉的领域，就如同进入一片没有道路的森林，很容易失去方向感而迷失方向。尤其是创业者在很多方面都经验不足，如果又选择了自己不熟悉的领域，无疑给自己制造了巨大的障碍。

  "不熟不做"是商场的法则。每个行业都有自己的核心内容，如果不熟悉就掌握不了这些东西，也就丧失了基本的生存条件，无法具备充足的竞争力，最终也就很难在这个行业内生存下去。

  所以，创业者最好集中精力从自己熟悉的行业做起，这样更有利于资本的原始积累和企业更加长远、稳固的发展。

  创业本身就是以收益为第一位的，如果对一个行业熟悉，做的过程中遇到问题时就能自己解决，省去咨询别人的成本和风险，还能很好地预测以后的市场行情走势。熟悉意味着在该行业已建立了一定的人际网络，在生意往来和客源方面有一定的基础和保障。再加上对所处行业的资金周转率、应收账款情况、固定设备和流动资产投资额、投资效益如何、最大费用在哪里都有一个比较完整清晰的认识，对可能遇到的问题风险都有一定准备，能少走许多弯路。

  创业要在稳健中求发展，在做任何一项投资前都要仔细调研，在自己没有了解透、想明白前不要仓促决策。有很多人觉得自己创业失败是因为运气不好，事实上往往是因为他们离开了自己熟悉的领域，涉足那些热门的、流行的领域想要"一夜暴富"。很多人看到网店红火就跟风在网上开店卖服装，一些人就想当然地认为自己绝对有实力做服装生意，但是等真正开起了服装店，才发现什么都不懂，尺码到底怎么划分、当下的流行款式是哪些都不了解，怎么可能赚得到钱呢？

生意本身不分好坏，只有适不适合，不熟悉的就不适合做。如果把不做不熟悉的生意理解为墨守成规、不懂得创新就大错特错了。在一个行业做熟之后就能掌握规律和要领，对其他类似的相关行业就有了变通的基础。无论选择哪种行业都要控制风险，投入资金不要超过自己承受的范围。当进入一个新的行业，要经过详细的市场调查，看在自己熟悉的基础上能够应用的比例有多高，完全生疏的行业是决不能涉足的。

创业者首先要有一个清醒的头脑，先思考再行动。盲目进入自己不熟悉的行业，没有充分调查就行动，结果必然会是失败。从熟悉的行业做起，能够少走许多弯路，对创业者来说是最明智的选择。

第三节　不忽视本就存在的巨大市场

发掘身边有潜力的市场，从中获利。

在核心地段盖好房子，然后卖给投资者，最后我们负责出租管理，这就是SOHO中国的商业模式。

从我们这10年的经验来看，发展商统一招租比小业主分散招租有好处，统一招租更容易让商铺形成良好的商业氛围。SOHO中国成立了SOHO会，也是希望通过这个网络把业主、商家最有效地联络起来。

租赁市场确实存在巨大需求，有很多人并不想自己直接搭建商铺或者开公司，他们就是想通过投资商业地产从而进行第二轮价值开发，而且商业地产领域从来没有一条清规戒律说只能自己持有而不能进行产权交易。我为什么要忽视这个本来就存在的巨大市场呢？

我想只有帮我的客户赚到钱了，人家才会再买我的房子。从现代城到建外SOHO，不知有多少抱着投资目的的山西和温州炒房团进来了，而且还有不少回头客。

几年来，我们一直坚持为客户提供出租服务，客户买了我们的房子，我们会帮客户租出去，实行一条龙服务。我们公司每年至少投入600万元帮助客户出租。

——潘石屹谈租赁市场的商机

背景分析

在现代城销售过程中，潘石屹曾对业主是否自住进行过一项专项调查，其中有一个业主表示会将房屋出租，这引起了他的注意。后来，他对现代城的住户进行了回访，这一次的结果让潘石屹找到了一条与业主打造亲密关系的纽带。原来超过一半的业主倾向于将现代城的房屋出租，自己搬到郊区或者附近以较低的价格租房居住。

这样一个现象让潘石屹联想到自己在香港的听闻。一次，他无意间问香港的购房者买房时除了价格这些因素外，还会考虑的是什么。出乎潘石屹的意料，他们十分看重房屋的投资回报率。有些人表示房子不能像行李一样打包带走，而自己的工作地点可能会随时发生变动。这时，与其让房屋闲置，不如出租收取可观的租金。而在潘石屹的询问中，有一群人买房纯粹是为了出租，在地段较好的地方买房子，然后租出去，自己则住在相对便宜的地方。

"与其让业主分散招租，不如SOHO中国成立一个机构，负责统一招租，服务业主。"这样的想法在潘石屹脑海中回旋。不久，现代城销售业务告罄，他便让销售人员成立了SOHO会，专门为客户处理出租事宜。

为了更好地为业主服务，潘石屹还和社会上信誉高的中介公司合作，组建了自己的租务系统。不仅如此，他还会在每个季度和这些中介公司开会，评出其中服务最好的公司，并对它们进行一定的资金奖励。这样的激励措施很快收到了良好的效果，潘石屹便准备将现代城的租务成功模式复制到其他项目上，先是建外SOHO，再转移到SOHO·尚都，最终建立一个完整的商铺租赁系统。

房子出租后，业主和开发商的关系结束了，但租户和开发商的关系随之建立起来。按照法律，潘石屹和这些租户没有直接的关系，但他觉得为租户提供的服务实际上最终也是对自己的业主负责。因此，虽说商铺已经被出租，但潘石屹等人仍然十分关注商铺的销售情况。为帮助租户运营早日进入正轨，提升知名度，SOHO中国还斥资600万元帮助店铺进行广告宣传。潘石屹笑称这是奶粉钱，他将这些刚刚成型的商铺比作孩子，认为孩子有了奶粉才能茁壮成长，只有长大了才能做事。

"我们也想做一个社区商业网，我们总共有1500个商铺，20万平方米，我们把这1500个商铺串起来，共同组织活动，共同做优惠卡，就会非常有气氛。"潘石屹谈到自己的构想时信心满满。有人认为这是多此一举，600万打了水漂，可潘石屹不这么看，他认为这会增加投资者的信心，如果觉得建外SOHO商铺好，就会继续承租SOHO中国的其他商铺。潘石屹认为如果可以培养回头客，600万花得值。

拓展透析

潘石屹能在原有的业务领域中发现新的商机，就在于他留意每一处细节，从中寻找到了机会。从普通情形与细微小事中发掘机会是许多优秀管理者的共性。

查尔斯·古德是布法罗的一个收藏家。有一天，他花费500美元买了一个自动联结器的专利权。那个时候美国已经为70多种型号各异的汽车自动联结器颁发了专利权，因此人们并不看好这个专利，可是古德执意要买下了它，而且要求公司加大这种自动联结器的生产。事实证明，他是正确的。这种联结器上市后，一度脱销，古德也从中获得了巨大的利润。

一个有敏锐洞察力的人更容易抓住机会。当然，我们说培养敏锐的洞察力，留心周围小事的重要意义，并不是让人们把目光完全局限于"小事"上，而是要人们"小中见大""见微知著"。

关于这一点，可以从以下方面着手：

1. 对环境变化的各种因素有比较客观的分析和了解。

2. 对各种由因素的变化发展而带来的形势发展变化，要作出正确的预测分析。

3. 在分析的基础上找到突破束缚的机会。

总之，在机遇面前，人不但需要敢于拼搏、锲而不舍的劲头，将自身的能量最大限度地发挥出来，还需要敏锐的洞察力和观察力。机遇的抓获是一个逐步进行优势积累的过程。勤奋地、精心地积累是寻觅机遇的最佳途径，当我们有一定程度的知识、能力时，机遇会不期而至，当然，财富也会随之而来。

第四节　做企业也需保守

SOHO中国一直坚持"钻石"原则，在发展的过程中最关键的是保守。

问：请问潘总，SOHO在北京是成功的，作为品牌，会不会像阳光100、万达一样，全国各地到处复制品牌？

潘石屹：我们的开发下一步还是聚焦在北京，聚焦在北京的CBD，现在在CBD中，我们已经有135万平方米的开发项目，还不包括CBD-01地块。下一步我们的目标还是CBD中的地块，这是我们的长项和优势。我们公司没有在全国各地开发的想法。

SOHO中国有限公司一直坚持"钻石"原则：只做以国贸为中心方圆一千米范围内的市场。我认为，一个房地产公司最好的增长，最大的价值，来自做好一个产品，而不是到处圈地，也不在于进入多个城市。

我看到很多优秀的房地产公司最后都是被庞大的土地储备拖垮的，对一个房地产公司而言，拥有一堆土地储备与实现巨大利润之间还有一段很长的道路要走。

我觉得，如果没有钱，市场上有机会也不属于你，所以你手头上一定要有足够的资金，在中国发展的过程中，机会太多了。上市之后，情况有了比较大的变化。我的体会是，发展的过程中一分钱憋死一个英雄汉，所以，最关键的是保守，尤其是在中国的发展过程中一定要保守。

我做企业属于保守型的。公司的土地储备和手里的现金要根据市场环境达到我们所要求的平衡。资本运作不是我的长项，我们也（从）没有依靠过任何一家金融机构。当然也有人说我，不用银行的钱是"不进取"，但我想这就是我的道

第二篇 关键时刻之战略思想
要成功就得特立独行

德,我不愿意欠着别人的钱。有人批评我不是一个现代企业家,我觉得无所谓,这样做很安全。

——潘石屹谈保守做企业

背景分析

华远地产董事长任志强说潘石屹"不思进取",拿着这么多钱不发展、不扩张。对此潘石屹只是幽默地回答道:"30年前,我是甘肃小山村里的一个放牛娃,30年后我发展成今天这样子,你还让我怎么进取呀?"

他认为房地产商向其他城市进军自有他的道理,只要时机选对,对公司的发展壮大大有裨益。不过SOHO中国确实正如任志强所说的那样"不思进取",只做商业地产,坚持在北京发展。事实上,SOHO中国完全有实力进行一定的扩张,抢占市场,也曾有不少城市对潘石屹抛出橄榄枝,但都被他谢绝了。他是铁了心要留在北京,直到北京的CBD都被开发完了,那时再考虑出路的问题。关于SOHO中国无土地储备的"弊端",潘石屹一点也不担心,他可以高价从其他房地产商那里购买。

对潘石屹而言,坚持做一件事,把事情做精、做专,同样可以获得丰厚的回报。他曾经有这样一个假设:"假设北京房地产市场增长只有5%,但是可能有30%都增长到我的公司里了,这样我们公司同样可以增长得很快。"

潘石屹的"保守"还体现在融资上。按照一般房地产开发商的做法,获得土地的使用权后,会很快把土地拿到银行进行抵押贷款,将得来的资金用作下一步开发。而潘石屹却不然,他情愿用自有资金进行开发也不愿意借银行一分钱。据潘石屹本人的说法,他之前购入尚都二期、建外SOHO、光华路SOHO等项目时,均未向银行贷款。

曾经一段时间,SOHO中国一度准备上市,而当时潘石屹刚刚启动建外SOHO,手头资金紧张,着急上市的目的显然就是想打通一个大规模的融资渠道。可当大部分房地产公司纷纷通过境外融资寻找进一步发展时,潘石屹上市的脚步却突然慢了下来。众人疑惑不解时,他的回答却是:我们现在不需要借钱。房地产是个资金周转数额巨大的行业,可他公开宣称自己手中资金存量不低,也不需要一分钱贷款:"既然项目进展比较顺利,资金压力不大,为什么还要请来'婆婆'管着呢?"

SOHO中国主要是靠销售和分期开发,一期开发完了,组织人员进行销售,将销售的资金用作下一步开发。这样的做法虽说会束缚公司的手脚,但也可以保证公司拥有流畅的资金链,不会因为外部环境的影响阻碍公司前进的步伐。潘石屹不向银行贷款的另一个理由则是房地产市场的特殊性。他说自己当初建现代城时也曾向银行贷款,可几年内几乎每年都只能贷到200万资金。而现代城是个几十亿的项目,相比起来,200万的贷款所起的作用实在是微乎其微。

他的这一观点和经济学家郎咸平的主张不谋而合。郎咸平对比内地和香港房地产公司的资产负债率和抗压能力后发现,内地企业的资产负债率一般都在100%以上,而香港公司只有20%。事实表明,很多香港公司的抗压能力良好,能够存在十年几十年甚至更长时间,而内地企业一般5年就会重新洗牌。

有时候潘石屹太过保守,连妻子张欣都十分不解。张欣认为保守是好,但还是可以进行一些投资的。不过张欣也坦言,潘石屹这样做最大的好处是,SOHO中国从不为资金发愁,资金流十分健康。

拓展透析

其实不光潘石屹,每个领导者在做企业的过程中都应该学会保守。特别是一些中小企业,更要学会保守,不要盲目贪大。诚然,企业扩张后可以获得不少大企业才有的优势,比如先进的设备、完善的服务网点等,但是企业如果盲目扩张,不但容易丧失自身优势,还容易走入死胡同。那么,企业在扩张前需要作哪些考虑呢?

1. 企业的资源是否已经跟不上销售的需求

当企业的产品受到市场的追捧,供不应求时,管理者就应该考虑是否只有扩张才能将企业的实力真正发挥出来,如果按照目前的规模进行经营只会阻碍企业的进一步发展,那么,扩张就是必要的。

2. 是否已经做了深入的市场调研

管理者在扩张之前,应该进行深入的市场调研,了解所属产品在市场上的销售情况，预估产品在未来的销售能力，考虑产品是不是符合社会发展趋势，有一定前景。

3. 是否进行了专业的咨询

兼听则明偏信则暗，管理者如果仅对市场进行调研后就认为企业进行扩张大有可为，这种想法是片面的。企业应该聘请专业的咨询机构，对公司的发展规模、产品设备、生产能力等进行评估。

4. 是否进行了扩张后的规划

如果企业经过一系列评估后确实有扩张的需要，那么企业就应该制订一系列的发展规划，通过何种方式扩张（联合、并购还是上市等）、何时进行扩张、要扩张到何种规模，以及扩张后企业在人员配置、产品线、发展模式等方面的调整，这些都需要管理者在扩张前考虑清楚。

中小企业因为机构简单、产品线单一、人员精干，因此管理起来比较容易。可是企业扩张后，人员如何进行管理、指令如何得以有效贯彻、成本如何有效控制等问题都是管理者需要面对的问题。因此，中小企业在扩张时，应该充分考虑各种因素，适时制定或者取消自己的扩张战略。

第五章
别人都干的事情你别去干

第一节 简单就有效率

> 做事要力求简单，简单就有效率。

问：你这个人员很少的公司高效运转的经验是什么？

潘石屹：就是简单。孔子在自己岁数大的时候读了《易经》非常感慨，说为什么70岁才读《易经》，如果早点读就不后悔，他读完后写了一个笔记——《系辞》，其中一开始就谈了简单的好处。不要设过多的中间环节，不要架过多的桥梁，开发商把经验直接反映给规划师，规划师直接和设计师沟通，设计师直接和施工单位交流，施工单位将图纸变成房子，交给销售部门销售出去，然后变成钱。这些环节一个都不能少，剩下的环节一个都不能要。我们公司都不设专门的办公室，只有几个秘书。参加总经理办公会的核心决策层成员有6个，人员非常精干。

做事要力求简单，繁杂会使我们陷入不能自拔的境地。繁杂一方面来自我们旧有的习惯、旧有的规则、旧有的礼仪，另一方面来自我们对知识、技能的卖弄。

把简单的事情复杂化是很容易的，多余的装饰、多余的构建、多余的想法、多余的语言都会把一件简单的事情复杂化。但从历史的角度来看，一个民族向上的时候，它总是以简单和大气为主要的风格；凡是这个民族衰败之时，从建筑、家居、服装、装饰到语言都表现出来的是繁杂和多余。能把简单作为自己的世界观，成为自己做事情的指导思想，这是走向成功的一个要素，你会在简单的过程中获得成功的力量。

我觉得一个企业要有发展，实际上哲学思想要对。一个公司的发展取决于它的哲学思想，一个公司灭亡或者萎缩、失败，也是取决于它的哲学思想、经营思

第二篇　关键时刻之战略思想
要成功就得特立独行

想。如果经营思想一错就全错了，你是一个大公司，你可能也会很快垮掉，对一个公司来说经营思想就是它的生命。我的哲学思想是，对经营思想要简单，简单就好，简单就有效率，简单的话成本就低。同样的目的，如果搞复杂了，效率就会低，成本就会高。

——潘石屹谈简单的智慧

背景分析

潘石屹是简单主义的践行者，他对简单的推崇首先体现在建筑上。

潘石屹对建筑的理解就是："建房子也可以少一些没有用的装饰和建筑符号。现代建筑假惺惺地去模仿古代的建筑符号，中国的建筑去学习欧陆风情等这些形式主义的建筑是无病呻吟。"他对现代建筑奉行的思想是"极少主义""少即是多"，不仅如此，他还将这种思想推广到他的建筑中去。用尽可能少的线条、尽可能少的色彩来打造时尚、简约、大气的现代化建筑。

"世界本来就不复杂，是人们自己给自己找麻烦。大自然中的动物、植物、流水，没有多余的东西和动作。当有多余的东西出现时一定是发生了问题，比如癌症。"这段话表明了潘石屹的世界观，那就是简单。

SOHO中国作为享誉世界的大企业，其组织结构却出奇的"小"。SOHO中国没有很复杂的人事关系，也没有许多的职位层级。在这样扁平化的组织结构下，潘石屹可以对公司内任何一个职员做出工作安排，而不像其他企业，将工作部署告知秘书，再通过秘书一层一层地下达。

这样做的效果十分明显，直接下达到具体职员，一方面防止了信息传达过程中出现差错，导致部门内个人相互扯皮，另一方面则最大限度地保证了信息的时效性。

为最大限度地激发员工的工作积极性，发挥他们的创造力，潘石屹的公司没有什么成文的规章制度。在他看来，任何不能保证员工积极完成工作，创造公司效益的管理制度都是没有必要的。潘石屹在管理上崇尚的是"无为而治"，能简则简。最让他感到自豪的是：公司员工不多，却几乎个个都是行业精英。

除了内部管理，潘石屹在经营决策方面也力求将简单做到极致。众所周知，房地产涉及巨额的资金，很多房地产商在拿地时总会慎之又慎，一个会接着一个会地开，最后才拍板。而拿地在潘石屹眼中十分简单，从看地到拍下或许只要几个小时。潘石屹称自己和万科的王石完全是两类人。王石给自己设立了"不拿地王"的红线，而他的视线从不在是否是地王上停留。潘石屹决定是否拿地的过程没那么复杂，一块地只要他觉得各方面还不错，就会想办法拿下。从看地、估价到拿地，通常会在几个小时内决定。

在他看来，市场是瞬息万变的，机会总是稍纵即逝，遇事做到简单才能有效率，把事情搞得复杂，长久的思考只会让机会悄然离去。

不仅如此，他的简单化的经营理念还体现在拿地上。潘石屹觉得自己对中国的情况还是很了解的，房地产商想要拿地，需要靠政府的规划指标，耗时很多，而与其将精力放在耗时长、赚钱还不多的拿地上，还不如将全部精力放在自己拿手的设计、建房子和销售上。事实证明，他的这种思维充分地发挥了自己的优势，成功地将"蔬菜卖出水果的价格"。

潘石屹坚信，无论哪一行都面临着僧多粥少的局面，要想在没有硝烟的商场上站稳脚跟，就需要简单思维。简单也就意味着快，快才能在商场上立于不败之地。

拓展透析

从上文我们可以得到这样的启示：无论我们做什么事，最简单的方法就是最好的方法。曾任苹果电脑公司总裁的约翰·斯卡利说过："未来属于简单思考的人。"如何在复杂多变的环境中采取简单有效的手段和措施去解决问题，是每一位高效人士都必须认真思考的问题。

下面是国内外知名的效率专家提出的一系列最实用的简化工作的原则和方法，可以为管理者的工作带来一些积极有益的启示。

1. 恪守简单原则，将简单观念贯穿于工作的过程中

调查显示，成功企业的优秀业绩很多归因于对简单原则的严格遵守：确立简单、现实的目标，通过简单的结构和简便快捷的程序实现目标。

2. 清楚了解工作目标与要求，避免重复作业，从而减少发生错误的机会

通常的情况是，你不知道自己应该做什么，工作的目标对你的工作会有什么样的影响，这个目标对你的意义是什么。搞清以上问题后再开始工作，效率就会高很多。

3. 懂得拒绝别人，不让额外的要求扰乱自己的工作进度

对比较熟识的同事、朋友，或者完全不相识的人，可以直截了当地拒绝其不合理的要求；对客户或者不太熟识的同事，要采取间接、委婉的方法拒绝其不合理的要求。

4. 主动给工作排定优先级，可大幅度减轻工作负担

你的上级无暇了解你工作的状况，你应以公司效益为重，将上级交代的任务分出优先级，并向上级汇报。这样既可以将重要的工作花更多的精力去做，又可以将紧急的工作优先做。

5. 报告时精简、切中要点

写文件、报告内容应精简、切中要点，最重要的是能够为决策提供参考，促使大家快速地做出决策。这是每一家企业都需要的。

6. 过滤电子邮件，回邮精简

有效过滤电子邮件，让自己的注意力集中在最重要的信息上；电子邮件的内容要尽量使要点突出、语言简练，节省写邮件的时间。

7. 当没有沟通的可能时，不要浪费时间

当完全没有沟通的可能时，就不必再浪费时间和精力，做无谓的沟通努力或者尝试改变。

8. 先为企业奉献，取得信任，再争取资源

当你为公司创造了效益，并为公司做出了贡献时，自然能取得大家的信任，获得资源，从而为企业创造更多的价值。不想付出，只想索取，往往使工作和沟通变得更复杂。

9. 专注于工作本身

专注于工作本身，而不是绩效考核的名目，才能真正有好的表现。

总之，简单思维是提高工作效率的一项重要举措。马上行动，追求简单，

事情就会变得越来越容易。化繁为简，可以让你的工作变得更有效率，你的信心也会跟着大增。

第二节　保持合理的负债率

<u>管控好企业的资金，才能走得更远。</u>

问：你的项目都很注重标新立异，你的创新能力是怎么形成的？

潘石屹：我觉得人的精力都差不多，关键看你如何分配，是不是把主要精力用于创新。有的开发商注意做公关、搞政府关系，贪图拿到便宜的地；有些公司疲于找贷款、融资；我们公司的资金和土地都不太费精力，这样就给我留出了自由性、独立性。如果一个公司的财务链都转不动，老板哪有心思搞创新呀？创造的精力一定来源于企业良好的资产状况。我发现很多老板一天到晚奔地、奔钱，真正的规划设计反而不去考虑。我问他们：不考虑这些问题你怎么做出来的？他们说就这样做出来了。长此以往，势必陷入恶性循环。自己做了20多年房地产，看到了一批批死掉的开发商，每5年就会出现一批，多是由于负债所致的。这些死掉的开发商都不是饿死的，而是撑死的，从2011年四季度到2012年，日子不好过的开发商都是负债过高的。因此，未来的市场不确定，政策更不确定，在高速发展当中，一定会有大幅度的波动，所以开发商要先把自己的事情做好，一定要有现金，绝对不能负债过高。

中国的房地产公司当中，现金量最大的就是SOHO中国了。外界与投资者都在期待我们做点什么，我们也觉得必须把钱花出去，这是我们的现金压力。我们的确要把负债率提高上去，因为我们的负债率在2008年只有8.5%，非常低。在目前通货膨胀如此严峻的情况下，这么低的负债率实际上限制了我们公司的潜力，潜力没有发挥出来，所以我们制订了一个长远计划，一方面就是要把手里的钱花出去，另一方面就是要把负债率提起来，把我们企业的潜力充分发挥出来。

——潘石屹谈房地产企业失败的原因

背景分析

房地产企业一向负债率都很高，融资对于很多管理者来说都是一件非常棘手的事情。2007年，当境外融资困难，很多企业遭受压力时，潘石屹却十分淡然，他曾不无得意地宣称："我们近4年半的时间，资产负债率是零，这4年半，我们没借过银行一分钱。虽然最近刚向银行借了一些钱，资产负债率也不高。"事实证明，SOHO中国的低资产负债率确实有它的好处，它帮助公司度过了一次又一次的地产危机。同时，在其他房地产商资金短缺时，潘石屹却总能从中找到赚钱的途径。

房地产业的资金紧张程度足以用"触目惊心"来形容。2008年，在一次股东大会上，潘石屹用两个数字来对比房地产商的收支：2.9万亿和3万亿。2.9万亿是售楼收入，而3万亿是购地支出，中间整整有1000亿的资金缺口。在79家地产上市公司中，有一大部分的资产负债率在50%以上，其中有19家公司超过79%的警戒线，而只有3家的资产负债率在20%以下。居高不下的资产负债率意味着这些公司对融资有着十分强的依赖，一旦国内外经济市场发生波动，最先倒下的往往是这批企业。

正如潘石屹预料的那样，金融市场动荡时，这些企业对外无法融资，只得忍痛以相对低的价格将手中的土地抛出去。2008年，SOHO中国完成了对北京凯恒房地产公司及其凯恒中心项目的收购，总花费55亿元。这个后来被命名为朝阳门SOHO的地皮让潘石屹印象深刻，项目谈判之初，有许多开发商参与角逐，出价均超过60亿元。可是后来，这些大亨们一个接一个退出了，最终这块地被他以较低价格收入囊中。

可是，SOHO中国的低资产负债率确实也在一定程度上阻碍了它的发展。资产负债率低，说明公司的财务成本较低，偿债能力强，但也说明企业的经营过于谨慎，对行业的预期不足，不敢大规模发展经营。2008年上半年，潘石屹表示，为避免被投资者认为SOHO中国没有本事把钱花出去，也在积极寻找机会。他声称目前摆在他面前的有两个难题：一是把手里的钱花出去，另一个是想法把资产负债率提上去，将企业的潜力充分发挥出来。

他很快就等到了机会。4月份之后，不论是北京还是外地的房地产商们，因为资金短缺的压力，都急于将自己手中的土地抛出。潘石屹在土地市场出现拐点时，一步步地收购了北京的部分黄金地段的项目。5月底以55亿元收购北京凯恒房地产公司后，SOHO中国又于8月底将素有"中国硅谷"之称的中关村核心地带的最后一个未售项目揽在名下。

拓展透析

　　资金一直是制约不少企业发展的瓶颈，许多企业为了寻求突破，想到了融资。可融资使得企业受资本市场的制约，潘石屹不愿受制于人，因此才想到了现金储备。这或许和现代化的资金理念格格不入，但不可否认这也是种智慧。有些企业在市场竞争中无法存活，其中很重要的原因就在于花钱不合理，在企业遇到难关的时候没有现金周转。所以无论企业的规模如何、利润多大，做好现金流管理，企业才能拥有生存的基础。

　　现金流是指企业在一定会计期间按照现金收付实现制，通过一定经济活动而产生的现金流入、现金流出及其总量情况的总称。从产品的市场调研到售后服务的整个过程，任何环节都与企业的现金流交织在一起。

　　对现金流量进行管理，可以保证企业健康、稳定地发展。每个企业都有各自不同的发展阶段，所以现金流量的特征也都不尽相同。根据企业在不同阶段经营情况的特征，企业管理者应该采取相应的现金流管理措施，这样才能够保证企业的生存和正常的运营。

　　企业管理者必须懂得现金流的重要性，现金循环有两种表现，一是短期现金循环，另一种是长期现金循环。无论哪一种，当产品价值实现而产生现金流入时，都要重新在新一轮循环中参与不同性质的非现金转化，由于存在这样的过程，企业现金流往往是不平衡的。假如收入是流水性的、以天为单位的，支出是间断性的，几天、几个月才支出的话，企业的日子才能好过。但是现实中，很多企业差不多都是反过来的——收入是间隔性的，支出是流水的，电话要天天打、房租水电费要月月付，这样企业就很累了。

　　那么企业管理者应该如何管好现金流，使支出和收入保持平衡呢？以下给出几方面建议：

1. 培养管理层的现金流量管理意识。企业的决策者必须具备足够的现金流量管理意识，从企业战略的高度来审视企业的现金流量管理活动。

2. 建立现金流入流出管理制度，使企业可以通过制定定期的管理报告、预算与预算控制报告来对现金管理进行及时的反馈，作出相应的调整。

3. 要对现金流进行强有力的实时控制，建立相应组织机构，加强现金流量的监督与管理。即从一个项目开始就进行策划、定位，然后从总量、分项进行控制。公司财务部门只是一个方面，还要有审核部门进行成本把关。

4. 建立以现金流量管理为核心的管理信息系统。将企业的物流、信息流、工作流、资金流等集成在一起，使得管理者可以准确、及时地获得各种财务、管理信息。

事实上，现金流之于企业，就如同血液之于人体毛细血管，必须有心脏的起搏功能来支持，这样才能使血液遍布全身。在企业内部，沟通也好，管理也好，制度必须是明确和强制的。做事前想入非非是不行的，要有全面的预算，让企业全面的工作计划与现金流相衔接。如果计划不周全，现金流就可能被拉断，导致企业最终难以维持。

第三节　游戏规则在变，战略不变就是愚蠢

战略应随着游戏规则变化而变化。

问：2008年11月后，你在未来的投资方向还是以坚持商业类的物业为主吗？

潘石屹：2008年是非常特别的，因为全世界碰到了百年罕见的金融危机，它把整个社会秩序、经济秩序、市场格局全部推倒重来，这个时候还固守原来的判断标准就会出问题。

问：业务转型会不会给公司带来震荡？

潘石屹：这几天我感受到的是，转型确实会给公司带来脱胎换骨的影响。首

关键时，潘石屹说了什么

先是对股东的影响，一些退出去，一些进来，在过去的几周里我们的股价震荡比较厉害，也有机构想做空我们。现在我觉得我们的股价已经慢慢稳定了。二是对员工的影响，势必会精简、压缩，让他们转型。销售人员肯定会瘦身，而且会转型到向基金销售商业地产。而物业管理、装修设计、工程管理人员必将增加。所以公司的员工总量会扩大。

这也是顺应时势的一种转型，原来的商业模式是一个西瓜10块钱，我切了20片，每片1块钱，这样我们就赚了10块钱。今天有基金市场了，我们的西瓜可以不切开卖了。查看万科的年报，在2001年，万科与我们的赢利水平差不多，但几年之后，万科已成为千亿市值企业。而富力在做北京富力城时，我们开发的建外SOHO的售价比它高了一倍。可是，它随后便完成了香港上市。最让我受刺激的是，2004年，万科的郁亮（总经理）告诉我说万科的年度利润一半都是由地价、房价上涨带来的。

今年（2007年），我看到其他地产公司的年报，震撼不已，没想到一大批地产公司在完成与资本市场接轨后都飞了起来。我想，再不改变战略，就是麻木不仁，就是愚蠢的商人了。于是上市被再次提上日程。

——潘石屹谈转变战略

背景分析

2012年8月16日，SOHO中国宣布将告别以往的散售模式，从"开发——销售"转向"开发——自持"。SOHO中国自从成立以来，商业模式的调整就一直拥有很高的关注度。2002年，在整体销售独霸地产界的时候，潘石屹宣布SOHO中国将以散售为主；2005年，就在SOHO中国住宅楼销售火爆时，潘石屹毅然决定公司的商业模式由"商业住宅混合开发"转变为"纯商业地产开发"；2007年，一直宣称不需要银行贷款，凭借自身现金流就可完成公司内部资金周转的SOHO中国表示：已提交申请，不日上市。

SOHO中国多少年来都以做商业地产散售著称，这种商业模式虽说建立以来一直不被人普遍看好，但不可否认的是它为公司带来了高周转和高回报。如今SOHO中国转型的消息一出，各种猜测纷纷浮出水面，其中网友认为可信

第二篇 关键时刻之战略思想
要成功就得特立独行

度最高的是，SOHO中国发展中遇到了难以规避的问题，只有转型才能化解。消息发布的第二天，SOHO中国的股价应声大跌，可见不少股民信心不足。面对外界的质疑，潘石屹说SOHO中国的转型没有被迫的成分，只是为了适应未来发展的需要，"在我们城市化的过程中，人的行为方式不光是居住，他还需要工作，所以住房、工作等都是必需的。在过去十多年时间里，开发商更多的是给大家营造了居住的空间，相对来说有些忽略了工作办公的空间，从市场上各种各样的数据来看，像办公楼租金上涨，就反映出市场上办公和商业空间的稀缺"。

但是在全国工商联商业不动产专委会主任朱凌波看来，SOHO中国此次转型主动选择和被逼成分兼而有之："原有的散售模式不具有可持续性，SOHO中国转型迫在眉睫。"据统计，2012年上半年SOHO不管从营业额还是净利润对比去年都下降了50%多。同时，SOHO中国已经连续两年未达到销售目标。业界都认为SOHO中国赢利方式单一，抵抗风险的能力不足，现在是被市场逼着走的。

潘石屹坚称SOHO中国的转型和逼迫之说没任何关系，如果遇到什么难以克服的困难，可以将自身损失减到最小的措施是销售，这样才能把钱很快追回来，而不是持有房子。他认为自己多少年来一直留在国内，留在北京发展，就是看好中国市场。如果不看好这个市场的话，早就把房子卖了，然后拿钱走人。

"公司到一定时机一定要转型，公司要不转型，总是顺着性子往下走，多少公司走走就没了。"关于转型，潘石屹虽然不承认是被迫的，但也表示转型对公司来说将是一次新的挑战。他认为转型应该从两个维度来看：第一，从数量上来说，在城市化的过程中，居住空间和办公空间、商业空间应该均衡发展；第二，从质量上来看，无论是办公空间还是居住空间的建筑和设计，都是对人们行为方式进行研究，之所以要现在转型也是基于这些因素的变化。

后来他给出了4个转型的具体原因。首先，民企式微，散售难。中国的民营企业面临着巨大的压力：银根紧缩、欧美等国外市场经济萎缩、劳动力成本不断上涨等原因压得中国的民营企业喘不过气来。此外，购买力下降也是重要影响因素，潘石屹举例说之前SOHO中国的客户中来自钢铁企业的很多，而今一个都没有了。

其次，央企凶猛，民企拿地难。之前拿地的时候，竞争的全都是上市公司、民营企业，大的央企拿地并不多，而现在拿地的时候，民企一个都没有了，举牌的全是央企。

再次，散售缺乏市场预见性。拿地两年不开发就会被收回。

最后，京沪租金暴涨。2012年上半年，北京上海的租金上涨幅度很大，北京竟然达到73%。潘石屹认为这73%还只是平均水平，要是SOHO中国开发的话，肯定都是要超过100%的。

其实，此次转型的原因可能不止这些，但最根本的正如潘石屹自己所说的那样："中国地产界的游戏规则发生变化了。"转型理所当然会遇到很多问题，但世界都在变，你不变就终将被市场淘汰。

拓展透析

潘石屹总是在人们的惊愕声中进行一次次转型，使SOHO中国迎来了一次又一次飞跃。这说明企业要想赢得市场，管理者就需要对企业所处的环境、运营状况等有清醒的认识。企业在发展的各个阶段应该采取何种战略，看似摸不清头绪，实则有规律可循。

企业家在决策的过程中应该考虑3个因素：企业的外部环境、企业的使命，以及企业的核心竞争力。随着社会的发展，一旦其中的某一因素发生变化，企业家的决策也应该随之调整。

戴尔公司是当今世界电脑行业的翘楚，很多人认为，戴尔是依靠商业模式创新成功的。不错，戴尔的直销模式历来为管理界所看重，但为什么IBM和康柏都曾经模仿戴尔的直销模式却失败了？事实上，戴尔成功背后的核心因素是它运用前瞻性思维构建了一整套的运营模式，这种运营模式使戴尔明确了自身发展的价值和意义，确定了未来的发展模式，从而使任何竞争者无法照搬和模仿。

我们知道，任何企业都必须先确定自身的价值和意义，这能使企业明确自己是什么、将成为什么。这实际思考的是企业存在的理由，而这恰恰是企业存在的前提。企业只有首先确定了自身的价值和意义，才能朝着这个方向前进和努力。

首先，对企业外部环境的假设。戴尔公司发现，计算机行业都是由制造厂商生产电脑以后配售给经销商和零售商，由他们卖给企业和个人消费者的。而这样显然使生产者无法获得足够利润，而且也无法更好地满足顾客的需要。据此，戴尔采取直销模式，果断地砍掉中间环节，既能提升自己的效益，也为顾客节省了费用。它们通过电话或互联网向客户进行直接销售，并根据顾客的要求定制电脑。这就使戴尔公司具有显而易见的竞争优势，通过客户定制，戴尔公司通常能以比零售价还低的价格向客户提供他们所需的计算机。

这种对企业外部环境的定位使戴尔明确了企业的发展方向和发展模式，那就是不断地满足顾客的多样化需求并提供价格低廉的产品。

其次，对企业使命的假设：为顾客创造价值。戴尔认为，随着顾客力量变得愈加强大，企业为了提高竞争力，增强顾客的满意度和忠诚度，都树立了"以顾客为中心"的经营理念。这就决定了企业经营策略的确定必须从"由内到外"的思考方法转变为"由外而内"的思考方法。戴尔据此制定的企业使命迎合了信息时代顾客的需要，因此得到了顾客的认同和支持。这种从最简单的前提出发的思维方法，恰恰是戴尔模式的重要经验。

再次，根据以上两点设想，戴尔确定了企业实现使命所需的核心能力的设想。戴尔的核心竞争能力实际上并不是直销，而是不断地完善自己的供应链，通过建立直销模式来提升自己的核心竞争力。这种定位使戴尔真正明确了自身的优势是什么。

第四节　任何创新的产品都是有争议的

任何创新的产品都是有争议的，所有问题都是斗争的结果。

一般说来，我们的产品出来，争议5年后就没有人再质疑了。当然，有的产品从头到尾都在争议。喜欢我们产品的人就会特别喜欢，不喜欢的人就不会买。

现代城的精装修，结束了中国商品房一直是"毛坯房"的历史……就连简单的落地玻璃窗也成为当年我们现代城工程验收时的一道难关。而今天，建筑中普遍采用的落地式玻璃窗已经成为一种时尚，一种房子的主人可以看到更多的阳光和更远的空间必需的选择。

现在回想起来很有意思，这么简单的问题，现在大家都认同，（然而）当时每步推行都很困难，所有问题都是斗争的结果。我们追求的是最佳效果，把能压的都压下来给客厅。所以大家看我们的房子，都说你们的客厅真好，（其实）就是这儿那儿的小了一点，而他们就不知道客厅好的前提就在于压缩了别的东西。

——潘石屹谈创新

背景分析

SOHO中国的建筑以时尚、前卫著称，每一个楼盘的发布总能引起不小的轰动，赞赏者有，但更多的是指责和质疑。潘石屹说自己离开万通后做了一个项目，因为是试水之作，他心里没底，就请北京房地产业很有影响力的华远地产董事长任志强前来参观，提意见。任志强把华远地产做得风生水起，潘石屹当时急需肯定，在他看来只要能得到任志强的认可，这个项目就算是成功了一半。

让他没想到的是，任志强参观完样板间后，回头就写了封一万多字的信，名为《朋友之间的交流——潘总请我看现代城样板间》。任志强在这封万言书内将潘石屹的设计批判得一文不值，说现代城从概念到技术没有一样可行：户型建设既不像办公场所也不像可供居住之地，概念上就相当模糊；设计上的想法也像是草稿，还没成型；从技术层面上来看，采光、通风、安全、隐私样样有问题。总之，潘石屹就不该在北京建房子，已经建好的房子也应该炸掉。

潘石屹看到信后，内心十分紧张，况且这封信没有直接寄给他，而是交给了媒体。此事通过媒体曝光后，不久他的公司就遭到了各方媒体的围追堵截。潘石屹见此情景，知道这事处理不好将会给公司以致命一击。他思前想后，决定直面媒体的批评，于是连夜给任志强写了回信，题目叫《创新是需要勇气的——"二道贩子"给"菜农"的回信》。他在信中不仅对任志强提出的问题一一做了回复，还斩钉截铁地表达了自己的立场：创新是需要勇气的。不日，

第二篇　关键时刻之战略思想
要成功就得特立独行

这封信连同任志强的批评信一同出现在观众面前。

两封信通过《北京青年报》和《财经时报》等的报道，一时间引起社会的讨论热潮。潘石屹此举不但没将危机消灭于萌芽之中，反而引起了社会对现代城的一致声讨。多家报纸媒体指出，SOHO中国其实并不是时尚，只是标新立异，这样的建筑怪胎不会给中国建筑市场增添活力，而只会误导市场。后来事件进一步扩大，有人竟然怀疑SOHO中国没有建筑资质，违反了相关法律。

潘石屹见事情已经恶化到这种地步，索性将一些人的批评整理了一下，专门编写了一本《SOHO现代城批判》，交给天津社科院出版社出版。书出来后，所有的质疑声渐渐平息。事件告一段落，潘石屹还是坚持自己的主张："不要怕潘石屹和任志强受不了，所有不同的声音都可以说，所有另类的设计都可以做。别人有意见我去解释，但要在超越语言限制的情况下来讨论人和建筑、人和环境的关系。"

外界的批评并未让潘石屹放缓创新的脚步，而他的每个建筑一亮相，总会引发经久不息的争议。不过随着时间的流逝，人们也渐渐认同了他的这些观念。

三里屯SOHO的日本设计师隈研吾曾说："潘石屹和张欣是很前卫的开发商，给建筑师带来很多挑战。"对此，潘石屹回应说，SOHO中国的使命就是建造好房子，创新的产品一时半会儿可能不会被人们接受，但只要是好的产品，得到大家的认同也只是时间的问题。

拓展透析

创新意味着比别人先走一步，因此创新的产品一时不被市场认同也是在所难免的，正如潘石屹的现代城建起之初遭受多方批评是一个道理。但是，我们不能因为创新常常不被人理解就放弃了创新。21世纪因为信息革命的革命性影响而时常面临着变革契机。显然在各种机遇的把握上，创新能力越强的企业把对手甩开得越远，越容易获得成功。

在产品创新之前，首先要在管理上进行创新，这样才能达到事半功倍的效果。那么如何才能进行管理创新呢？在管理创新的过程中需要遵循哪些原则呢？以下几点可供管理者参考：

1. 还原原则

所谓管理创新的还原原则，就是打破现有事物的局限性，寻求其形成现有事物的基本创新原点，改用新的思路、新的方式实现管理创新。任何创新过程都有创新原点和起点。创新的原点是唯一的，而创新的起点则可以很多。如在管理上实现目标的手段是多种多样的。在当时的条件下，我们可能选择了一种最合适的解决方法，但是随着环境的变化，原来的方法并不一定是最好的，这就需要回到最初的目标上来重新选择一种更为合适的新方法。

我们现在所讨论的还原原则就是要求创新主体在管理创新过程中，不要就事论事，就现有事物本身去研讨其管理创新的问题，而应进一步地寻求源头，寻找其创新的原始出发点。只有抓住这一始发点，所产生的创意才不容易受现有事物的结构、功能等方面的影响，在管理创新上才能有所突破。

2. 木桶原则

木桶原则所要说明的是，在组成事物的诸因素中最为薄弱的因素就是瓶颈因素，事物的发展最终要受该因素的制约。在管理创新中，如果能抓住这个影响事物发展最关键的环节，就会达到加长一块木板而令整个水桶的总盛水量很快增加的目的。

木桶原则在企业管理创新中有很大用处。企业组织有不同的层次、不同的职能部门、不同的经营领域，而企业整体管理水平的高低既不是由董事长、总经理来决定，也不是由那些效率最高、人才济济的部门所决定，而只能由那些最薄弱的层次和部门来决定。因此，只有在最薄弱环节上取得突破性创新，才能最终提高企业的整体管理水平。

另外，如果企业各个层次、各个部门的工作质量都符合企业整体的要求，那么加大木桶总盛水量的方法也应该是先行拉长一块木板，然后再一块一块地补充其他木板的高度。这种方式可以使木桶的总盛水量平稳增加。

3. 交叉综合原则

指管理创新活动的展开或创新意向的获得可以通过各种学科知识的交叉综合得到。目前，科学发展的趋势是综合和边缘交叉，许多科学家把目光放在这两个方面，以求创新。管理作为一门学科，它的创新过程也呈现出这一态势。

从管理创新的历史过程来看，有两种创新方式是值得重视的。

一是用新的科学技术、新的学科知识来研究、分析现实管理问题。由于是用新的学科知识和技术来看待现实管理问题，即从一种新的角度来研究问题的，所以就可能得到不同于以往的看法和启示。如把数理统计方法运用到质量控制中，使质量控制从事后检验走向预防控制。

二是沿用以往的学科知识、方法与手段，但不是分别单一地去看一个现实的管理问题，而是将这些学科知识、方法、手段综合起来，系统地来看待管理问题，这样也能产生不同于以往的思路和看法。

4. 兼容性原则

管理创新要坚持"古为今用，洋为中用，取长补短，殊途同归"的原则，既要学习外国的先进经验，也要学习中国古代的管理思想，并结合中国企业的实际情况，创新出独具特色的管理理论与方法。

管理理论与方法的发展不同于自然学科，自然学科理论的发展与创新是一种否定之否定的关系，新理论的创新意味着对旧理论的否定，而管理理论的创新往往是一种兼容关系，是从不同角度对旧理论的完善和补充。如组织行为理论的出现并不意味着泰罗制的结束，即使在美国，现在还有70%的企业运用泰罗的科学管理法创造利润。

兼容性原则是指根据自身的实际情况，吸收别人先进的管理思想、管理方式、管理方法进行综合、提炼。兼容性创新是在原有基础上的发展，因此要对原有的基础问题加以分析研究，把握深层原因，同时注意自己的特点与长处，进行深层思考。这样就可能发掘出许多新的创意，进行管理创新。

5. 不怕犯错误原则

最显而易见、具有常识性和令人深信不疑的信念之一，也是人人认为不言自明的信念是：最好把事情做对而不要做错。假如有人提出相反的看法——认为犯错误是好事，多犯错误的人应该受到鼓励——可能会被视为傻子。而事实上，正是一些所谓聪明人，为了避免犯错误，什么事情也不做，即使是好的决策也很少做。

结果，那些害怕犯错误的人做得少，取得的成就也就少。事实上，要做到不犯错误是比较困难的，可是人们习惯于对错误进行惩罚使得不少人害怕犯错误。学校根据学生们提供正确答案的能力来给他们评分，并因他们给错答案而惩罚他们。同样，几乎所有的组织原则都是惩罚失误者，而绝对不惩罚服从命令的人。由此，许多人养成了怕犯错误的恐惧心理，并竭力避免犯错误。人们学会了做得"完美无缺"，而不是要有创造性。

　　企业永远需要敢于创新、敢于行动、不怕犯错误、好学的员工。现在一些企业提倡一种新的对待错误的理念，如美国3M公司就提出"允许犯错误，不允许不创新""允许犯错误，但不允许犯相同的错误"等企业理念，从而鼓励员工积极参与企业各类创新活动。

第六章
在竞争中强大自我

第一节 不惹事，不怕事

没事不惹事，遇事不怕事。

潘石屹：我第一次离开家的时候，我爸爸就说，孩子，要出门了，记住两句话：没事别惹事，有事别怕事。

问：现在你和郭广昌的争端被炒得沸沸扬扬，这个事情该怎么收场？

潘石屹：这个事情，首先是看我们合不合法。这要等法院判决。目前SOHO和复星都是各占50%的股份，因此，双方承担的权利、义务、风险和享有的决策权等都应该是一样的，你不能把我们逼到绝路上去。我咨询了律师，问我们的收购是不是合法的。律师们的意见是一致的：这个交易肯定能够站住脚，是合法的。

在交易之前，我最后跟SOHO中国的律师通了一个电话，说你最后给我一个肯定的回答，咱们有没有触犯复星的优先购买权？如果触犯了复星的优先购买权，我们不可能花四五十亿元做违法的事情，这是绝对不能做的。中伦律师事务所的郝翰律师说，潘总你放心，我们转的是爷爷辈的公司，他（郭广昌）说的优先购买权是孙子辈的公司，所以他是没有优先购买权的。我说他的手能不能伸到上面去，郝翰说，他的手要是能从孙子辈公司伸到爷爷辈公司的股权里去，《公司法》就不存在了。

我们遵循的原则就是：第一，遵纪守法；第二，打官司过程中不能托任何关系，不行贿受贿。这样大的官司，一旦暴露出来，说咱们给哪个法官一笔钱，或者又通过中间人做什么事了，这样的丑闻对我们的影响是巨大的。对我们来说，宁可官司输了,我们的这些基本原则是绝对不能违背的。

问:现在有没有和解的可能,如果僵持下去,会有怎样的结果?

潘石屹:到现在为止,复星投的现金、股本金和项目的贷款共60个亿,我们投入40亿。复星现在超额贷款更多,因为证大跟绿城两家没钱。原来我们说,等我们进去后,超额贷款不光拉平,我们会多承担一些给项目公司的贷款。你承担这样大的资金负担,何必呢?你把钱放在里面跟我们打官司,在8-1项目上我们的权益是50∶50,你们打我们一耳光,你脸上感觉比我疼,这个项目不就耽误了?所以任何事情都是和为贵。

前一段时间,媒体一直追问我们,我说所有的事情都可以谈,8-1的项目绝对不能谈,为什么呢?就是为我们的和解打下一个基础,我想别把话说绝了,最后谈都不好谈了。

问:商场和为贵,有没有想过调停解决这一争端?你跟郭广昌私交如何?

潘石屹:我们是尽最大的努力去和解,能和郭广昌坐在一起谈谈,这是我们希望的。这个年代还要什么调停的人,真是要谈,我给你打个电话就谈了。此前我给他发了好几十条短信,他从来不回。我见了他说你为什么不给我回短信,他说,老潘我不会用,我从来不发短信。

为解决这个事,我托了很多人。第一个是冯仑(万通控股董事长),冯仑调和了好长时间。任志强(华远地产董事长)、郑永刚(杉杉集团董事长兼总经理)都调和过,还有郭的同班同学王兵,也调和过。好多人都说和为贵,对我们来说更是和为贵。以前接触过郭总,挺没架子的,挺随和的。我比较喜欢这样的人,大大咧咧的,也不太在意。一般情况下,高高兴兴的,我觉得挺好玩的,有时候我们开个会,讲个笑话,不像有些企业家觉得自己了不起,他还是挺随和的。可是这个事情就做得有点过了,我真是领教了,我们一而再再而三地退让,已经退让不了了。

——潘石屹谈不惹事,不怕事

背景分析

任志强说:"潘石屹随和,为了不得罪人,可能会不能真实表达自己的某

第二篇　关键时刻之战略思想
要成功就得特立独行

些观点，他不愿意直白。我们会直接说出来，他比较喜欢拐弯抹角。中国社会最大的问题不是太直接，而是拐弯抹角，藏着掖着，不敢去说。"

面对任志强的评价，潘石屹总是笑而不语。一次有记者问他，你的心理素质好像很强，别人说你、批评你，你都不着急，笑呵呵的。潘石屹回答说："有时我也急，但急有什么意思，他说他的，你说你的，听众会明白，你以为听众是傻瓜？人家都会明白。"

2011年上海复星地产的郭广昌一纸诉状将SOHO中国等公司告上法庭，理由是它侵犯了复星的优先购买权。

这件事还得从2011年4月份说起。当时复星想收购证大和绿城在上海外滩的一个项目的股权，收购完成后想转让40％的股权给SOHO中国，问它是否有合作意愿。当时复星和SOHO中国因为股份占多少的问题未能达成协议。后来，证大和绿城资金紧张，急需套现，潘石屹表示愿意收购，以解这两家的燃眉之急。复星听到潘石屹的答复后，董事长郭广昌当即表示欢迎SOHO中国的加入，两家将会同心协力，共同开发8-1项目。

随后的半个月内，双方就具体事宜进行了磋商，关系十分融洽。可就在12月底，复星突然提出，SOHO中国侵犯了自己的优先购买权，应给予复星5亿元人民币作为补偿，同时支付公司超额股东贷款合计20亿元。

"我们认为复星的这些要求都是无理的，因此拒绝了。我们与证大和绿城签署了合同并公告。"潘石屹说。后来，SOHO中国曾多次派人出面与复星进行洽谈，希望双方能在互利共赢的基础上展开合作，可复星地产还是坚持自己的观点。见SOHO中国迟迟不愿支付5亿元，复星地产表示将会提起诉讼。

潘石屹听到这个消息后，当即表示SOHO中国一直希望与复星地产达成合作协议，如果复星地产一意孤行，坚持上诉，SOHO中国将奉陪到底。在潘石屹看来，复星地产的要求是无理的，他不相信会有任何一个法院支持他们。表达了自己的立场后，潘石屹还是希望双方能开诚布公，精诚合作。后来双方法庭相见，一审判决，复星胜诉；二审因复星拒绝调解，维持原判的可能性较大，但潘石屹表示将会继续上诉。

拓展透析

人的一生会遇到很多困难，而且很多是不能逃避的，逃避了反而需要付出更大的代价去解决，创业或企业经营过程中同样如此。试想如果潘石屹答应复星给予5亿元的补偿，那么SOHO中国在这个项目上的主动权肯定会受到很大的影响。企业管理者在面对困难时，如果总是想绕道而行，那么困难不会自己退缩，反而会像滚雪球般越滚越大。

其实困境并不可怕，可怕的是我们没有一颗走出困境的心。在逆境中，我们必须比任何人都相信自己、依靠自己、鼓励自己，必须给自己一个激励，去催发我们内心深处潜伏的力量，让这力量引领我们走出绝境。

作家贾平凹说："人活在这个世上，苦也罢，乐也罢，最重要的是心中要有一泓清泉。"这泓清泉就是一颗在逆境之中绝不屈服的心，对一个在生活风雨中飘摇、闯荡的人来说，没有什么比心中的那泓清泉更重要。

在遇到挫折与困难时，人们会很容易地把自己投入一个臆造的绝境中。然而，谁能为绝境划一个明确的界限？谁又能确定处在绝境中就没有任何转机？只要有心，只要不屈服于现实，每个人都能在绝境中为自己找到一个出口。

"我无法否认与他的联系，正如我无法否认与黑人的联系。"奥巴马话中的"他"是指奥巴马的黑人牧师赖特，这个麻烦人物曾差点断送奥巴马的总统路。

赖特在美国是个极具争议性的人物，身为美国公民，却经常发表对美国不利的言论。"9·11"事件后，赖特说这一事件是美国在国际上横行霸道后的罪有应得。他对美国历史、政治的看法极为激进。在美国，任何参加竞选的人都会被剖析得彻彻底底，而奥巴马也因为赖特的言行受到媒体、对手的抨击。奥巴马想尽办法平息众人的怒气，但是他的迟缓与含糊其辞却让这股"批奥气势"更加猛烈。进退两难之际，奥巴马坚决划清了与赖特的界限，在众多支持者面前发表了《一个完善的联邦》的演讲，这彻底拯救了奥巴马，让他从赖特危机中全身而退。

在演讲中，他对自己与赖特的关系及背后透露出的深层内涵进行解读，破

第二篇 关键时刻之战略思想
要成功就得特立独行

除了人们对自己的误解,并重拾对自己的信心。

他在演讲中说:"他也许并不完美,但他对我来说就像是家里的一员。和他断绝关系就等于和整个黑人社区隔绝;和他断绝关系,就好比与抚养我长大成人的白人外祖母,一位曾为我一再做出牺牲,一位爱我胜过世界上任何人,一位曾向我坦言她在街上会对身边走过的黑人男子感到害怕并曾经不止一次将那些令人恐惧的种族偏见挂在嘴边的亲人断绝关系。这些人都是我生命中的一部分,也是这个国家的一部分,这个我深爱着的国家的一部分。但是,我认为美国的种族问题已经严重到不得不直接面对的程度了。还有许多黑人无法实现自己的梦想——以这样或那样的方式屈服于种族歧视的梦魇。这种挫败感遗传到他们的下一代那里——年轻的黑人男子和越来越多的青年女子闲站街角,无所事事,或者是慵懒地躺在监狱里,对未来不抱任何希望和期待。即便对那些实现了自己梦想的人来说,种族和种族问题也一直是他们世界观的基本来源。"

奥巴马的这篇演讲就像一记重拳狠狠地给了抨击他的人一击。他在演讲中晓之以理,动之以情,先讲他最初与赖特关系亲近是因为赖特从前并不是这样。同时他还讲到赖特的背后是无数怀有梦想却无法实现的黑人青年,他们有自己的抱负、理想,社会却不给他们施展的机会。奥巴马呼吁美国人民团结起来去解决这些问题,不要让赖特事件再次发生,让美国更加美好和伟大。

这次演讲巧妙地化解了由赖特牧师引发的危机,奥巴马成功为自己积攒了更多的人气。很多人听完这次演讲后激动万分,他们觉得奥巴马已经具备解决危机的能力,在他的领导下美国必将更加美好。

危机就像洪水猛兽,人人避而远之,但是危机和成功就像是孪生兄弟,想成功就避不开危机。危机可能来自个人的生理、心理,也可能是来自外界因素。但无论哪一种,只要管理者拿出勇气,充满信心,积极想办法,都能顺利克服。

化危机为转机,不仅需要方法,还需要坚定的信念。大多数时候,我们都处在摸着石头过河的境况中,谁也无法预料将来会发生什么,所以危机难以避免。既然无法避免,如果我们抱着化危机为转机的方法和信念,说不定会有惊无险,甚至会有意外之喜。

化危机为转机还需要勇敢冒险的精神。敢想敢干、坚持不懈往往能帮助人们解决生活中遇到的问题。在发生危机的时候，勇敢的态度不但有助于解决面临的问题，还能最大限度地激发一个人的潜能，使他做出在平常状态下做不到的事情，从而化险为夷。

在经营企业的过程中，我们经常会遇到各种各样的困难，有时是逆境漂流，有时甚至会陷入绝境。但是，从另外一个角度来说，这个世界上从来没有真正的绝境，没有过不去的坎，只要心灵不干涸，再荒凉的土地也会变成生机勃勃的绿洲。而心中的那泓清泉将是滋润我们心田，引领我们走出绝境的力量。

第二节　像橡胶一样，把外界压力消化吸收

任何一个人，任何一个企业都要有橡胶精神。

问：前几天我在北大听到一个项目，他们主要是看人，第一次大学生创业一般不会被选进去，我想知道他们投资公司主要是看人还是看项目。他们说你第一次创业失败了，第二次还坚持做的话就投资，但是你第一次做的话他们一般不考虑。

潘石屹：我觉得还是挺有道理的，一个人还是要经历考验和失败。一个人如果一帆风顺的话是不可能成长的，碰到事情不知道怎么处理。失败不可怕，就怕失败后没有信心了，这就证明你身上的品质是有缺陷的。其实我们面临失败是对我们一个特别好的考验。

问：你对房地产行业的发展怎么看？

潘石屹：目前房地产行业能不能像橡胶一样，把客户、社会舆论和政策的压力自我消化和吸收，不要把这些压力迁怒于与自己合作的施工企业、装修企业、材料供应商、设备供应商，甚至自己的工人和员工身上。要做到这样，我想，这块橡胶不能太软，因为太软了，也就起不到缓冲的作用了，这种压力和冲撞照样

第二篇　关键时刻之战略思想
要成功就得特立独行

会传递下去。有些没有原则，处处讨好，直不起腰的企业和企业家就是如此。但也不能太硬，如果硬得像钢一样，硬得像任志强一样，也起不到橡胶的作用了。眼下，房地产行业要健康发展，就要先成为一块不硬不软、适度的橡胶。

其实任何一个人，任何一个企业，任何一个行业都要有这种橡胶的精神，尤其是在经济和行业高速发展的过程中，难免有一些不平稳的冲撞，如果能把别人给你的压力自己吸收消化，而不传递给自己的下游和别的企业，这样这个行业和经济的发展就平稳、和谐多了。

——潘石屹谈橡胶精神的重要性

背景分析

潘石屹认为挫折也是一种成长的表现，人只有在碰到困难、有压力的时候，大脑才会动起来，才会想尽一切办法以摆脱这种困境。不过，他也坦陈，有时候，事情来了，硬碰硬常常会让事情更加恶化，隐忍融通反而能找到解决之道。潘石屹曾给网友讲述这样一则故事：

有一次，他与同事在参加一个会议时，因为双方意见产生了分歧，对方的一名参会人员竟然从座位上跳了起来，对潘石屹他们恶语相加，甚至进行了人身攻击。同事面对这样一个暴跳如雷的人，只是沉默不语，安安静静地坐在席位上，面色平静。这人在独自发泄了三五分钟后突然停了下来，会议室内出现短暂的极端安静的场面，随后这人的脸红到了脖子根，眼中满是羞愧的神情。这人并没道歉，也没再说话，只是默默地回到了座位上，但可以感到他认识到了自己的失礼。会议结束后，潘石屹对同事赞许有加。他说，隐忍融通的力量胜过恐吓和谩骂的力量，这不是软弱的表现，而正是你强大、有力量的表现。

这次经历对潘石屹的影响很大。后来，每当他的作品受到外界指责的时候，或者与合作商意见不合的时候，他就常常用这位同事的做法要求自己。于是，平复心情后，笑容又回到了他的脸上。有人说，相比王石的沉稳，任志强火药味十足，潘石屹是最没"个性"的人。他听到这样的话语，常常不置可否，他说自己很庆幸没有在不理智的情况下以恶攻恶，和对方较劲，而是像橡胶一样，将外界的压力消化吸收。

拓展透析

潘石屹用亲身经历告诉我们：任何企业、任何人，在面对困境的时候都应该像一块不软不硬的橡胶，以最平和的方式将压力消灭于无形。

创业者在创业过程中，总会遇到各种各样的压力，如何正确看待压力，将压力化为无形是每一个创业者都需要正视的问题。创业者如何对抗压力呢？下面推荐几种方法：

1. 接受压力，不要逃避

在遇到难题的时候，不要逃避而是要勇敢面对。不管付出什么样的代价，一定要下决心完成任务，坚信压力是创业成功必不可少的因素。

2. 以诚恳的态度，审视问题

创业者要睁大眼睛从各个角度来看待形势。当面对困难需要解决的时候，一定要以诚恳和谦卑的态度，根据实际情况，找出解决问题的方法。

3. 坚定信念，保持积极的态度

创业者即使是在最难熬的逆境中也要永远保持快乐的心情、积极的态度，并充满热诚。要拥有开阔的心胸，把所有的疑虑、负面的想法从心中根除。创业者一定要拥有毫不动摇的决心、努力和愿意面对无数危难的精神，不能因为接踵而至的挑战就朝负面的方向想，变得悲观而愤世嫉俗。

4. 重新审视目标和现实之间的关系

要结合企业所处行业和领域当前的实际情况，认真分析、制订和调整企业近几年的发展规划，设定合理的近、中、远期发展目标和实施步骤、具体措施。特别要注意处理好资产规模扩张与提高企业核心竞争力、应对当前危机与可持续发展能力等方面的关系，降低运营成本，保持充足的现金流，提高科技水平、研发能力和企业核心竞争力等。

压力是创业者成长路上的一个重要组成部分，如何对待压力也是创业者成功与否的关键。因此，创业者要想取得成功，就需要正确对待压力。

第三节　令自己对别人有益

爱他人，对他人有益，这是一个基本前提。

20世纪中期有一句流传很广的话，叫作"他人即地狱"。这句话我在很多80后、90后的微博上都看到过。我借用这句话，说一个相反的意思："他人就是你的福祉。"

在与他人相处的过程中，爱他人，对他人有益，这是一个基本前提。有了这个前提，你与他人的关系自然会发展成为磋商型的社会关系。

托改革开放的福，跟随大多中国人积极争取幸福生活的潮流，我这些年在外人看来似乎是做了一个成功的企业。但我时时反思自己：我成功了吗？我的经验是否能够与其他朋友分享并对他们有用？成功经验不能成为教条，不能成为创新能力的束缚。

我感觉我自己一直在努力保持乐观、平和的心态，与大多数人和谐相处。我的绝大多数成功都来自朋友的帮助，那别人为什么要帮助我？我想主要是我自己也始终令自己对别人有益。

——潘石屹谈个人生命依赖于生命共同体

背景分析

我们任何人每天的生活都离不开大家的合作，小到穿衣吃饭，大到交通旅行。当今社会是个服务型的社会，我们的生活离不开他人的帮助，我们为他人提供便利的同时也享受着他人提供的服务。现在，人们对服务精神的需求比以往任何一个时代都要迫切。

"我们的员工要为自己的同事提供服务，要为公司提供服务，要为合作单位提供服务，还要为家庭提供服务，最后还要为全社会提供服务。如果没有这种服务精神,我们就无法在这个社会中生存。如果服务精神差,我们的公司业绩就不能继续提高,整个社会也不能够和谐地往下发展。一个社会、一个国家、一个公司就像人体一样,各部分都有它特定的功能,只有相互服务,彼此协调,才能够成长为一个健康协调的身体。"潘石屹如此说道。

要令自己对别人有益就需要人们保持一个开放的心态。有些人取得成就后就对他人的意见置若罔闻,沉浸在自己的成功里,在他们心中自己俨然就是权威,自己的看法永远是对的,别人的观点都是错的。

潘石屹认为要改掉这种思维陋习需要端正心态,放下架子。将自己放空,当一个好的听众,才能让他人的智慧在自己身体里流淌。现在人人都想说话,没有人想做听众。不少人与人见面,名义上是与人交流,实际上只是在寻找一个倾听者。很多时候,你需要做的不是事先想好谈论哪些话题才不至于冷场,而只需要带上耳朵认真听,偶尔发表两句感受或者评论就行。

对来访者而言,他需要一个听众,而你认真倾听就是对他的尊重,对他就是有益的。潘石屹常说阅人像读书,每个人身上都怀有你的机会,珍惜每一次与人见面的机会,你不仅可以从中学到很多东西,对方也会从你认真听他讲话中得到满足。

拓展透析

潘石屹口中的"令自己对他人有益",对管理者来说就需要在与人交流的过程中、经营企业的过程中,在考虑自身利益的基础上充分考虑到对方的利益,以达到双赢的效果。

在以往的市场竞争中,通常会形成一种以企业自身利益最大化为唯一目标的企业文化,这种企业文化能在一段时间内促进企业的发展,因为它能够有效地使企业各项资源围绕企业如何获取更多的利润而展开。在这一思想指导下,很多企业为获利有意或无意地损害了客户的利益,最终导致客户的满意度和忠诚度非常低。

现在,越来越多的企业意识到,寻求与客户建立和维系一种长期的战略伙伴关系是使交易双方企业获得双赢的最大保障。通过与客户之间建立起稳定长期的战略伙伴关系，能够更有利于企业培育和加强企业市场竞争优势，与合作伙伴共享资源。

在戴尔公司，与客户结盟是公司创始人迈克尔对下属的基本要求。"重视客户体验""为客户创造价值""培养亲密的客户关系"等理念被反复提出，现已经成为教条。戴尔公司与客户保持结盟关系的主要方法有：

1. 倾听顾客意见，并使自己的产品设计、业务规划等建立在客户需求之上；

2. 选定目标客户群，捕捉客户需求，与客户建立直接联系；

3. 定期与客户互动沟通。

许多合作者认为，戴尔的价值在于其强大的销售能力、商业模式及凝聚客户的能力，而其中最为重要的成功的基础是，戴尔追求和客户双赢的商业模式。一位戴尔的客户经理说："我们不想和客户仅仅做一单生意。虽然我不想收购别人，但很想获得更多的客户和客户关系。"如在衰退时代，客户挣钱不容易，尤其在利润低、薄的市场条件下，低价策略往往更加有效。有关数据表明，2002年全球PC的销售额只增长了2.7％，而戴尔则获得了超过两位数字的增长。

由此可见，企业在发展自身的同时，一定要想办法对客户、对合作伙伴有益。因为只有关心客户、合作伙伴的利益，才会给自己带来更大的收益。

第四节　"摸着石头过河"的智慧

稳中求进，进中求稳。

在商业领域，教条主义的东西很难行得通，而实用主义、经验主义、机会主义的东西往往行得通。我觉得机会主义和实用主义不见得是坏事情，在市场经济中还是要具备一定的这种能力。头脑一根筋的人，我并不见得欣赏。

持世界是不确定的观点的人，总是摸着石头过河，在探索中往前走。持世界是确定的观点的人总是不见棺材不落泪,不撞南墙不回头。那些能想明白事情的人,其实只看明白了一块,而实际上世界太大了,未知的领域太多了,市场中你抓不住的因素更多,(他们)却自以为成竹在胸,这样的人能不碰壁吗?

我觉得在我身上一方面有中国老农民式的"白猫黑猫,抓住老鼠就是好猫""摸着石头过河"这种经验主义的东西,另一方面也有理想主义的东西。这两方面我可能都有。

中国市场像个大集市一样的小、散、乱。边摸边走,这种带有明显机会主义色彩的经验主义发展道路创造了无数像SOHO中国这样的成功故事。

——潘石屹谈摸着石头过河

背景分析

潘石屹在过去的日子并不富裕,当年一家三口全年只吃了一斤菜油。可改革开放30年来,国人不仅解决了吃穿的问题,而且开始将视线移到住和行上。"出现今天这样的繁荣景象,都是沾了改革开放的光,要归功于邓小平的'摸着石头过河',归功于改革开放的先辈们对世界所持的不确定的观点。"潘石屹不无感慨地说道。

潘石屹认为企业家大体分为两类,一类是受教育程度低的,以经验主义为指导思想的人。这类人做事情往往很小心,"摸着石头过河"。当前路迷茫,不知何去何从时,他们会果断地选择放弃或者另寻出路。而另一类人受教育程度非常高,他们见多识广,对政治形势、经济动态等谈论起来头头是道,大多深谙金融市场的运作,可就是这类企业家往往在市场竞争中败下阵来。

潘石屹觉得自己是在这两类企业家之间找了个点,是务实的理想主义者。他对市场的把握能力是华尔街出身的张欣都自叹不如的。张欣称按照一般人的资本运作思路,项目的建设肯定是首先融资,获得资金后再考虑整体开发,而他的做法却是分期建设、滚动开发,将前一期销售得来的钱用作新一轮开发的资本。亚洲金融危机到来,全球金融市场陷入低迷时,SOHO中国因为摆脱了对融资的依赖得以幸免于难。

第二篇 关键时刻之战略思想
要成功就得特立独行

🌀 拓展透析

潘石屹认为世界是不确定的，在他看来，认同世界的不确定性实际上也就表示对未知的世界保持一颗敬畏之心。这个世界很复杂，自然界和人类社会至今还有许多我们无法彻底解释的现象，比如癌症和艾滋病。我们连自己的身体都没弄清楚，所以更要摸着石头过河。潘石屹认为这种观点对社会进步是大有裨益的。

"摸着石头过河"是种智慧，但因为前路不明朗，就需要管理者稳中求进，进中求稳，一步一个脚印。

1977年，地铁竞标消息传来，李嘉诚就动起了心思。他估计，参加竞投的会有置地、太古、金门等英资大地产商、建筑商，以自己目前的实力根本难以与其抗衡。因此，只有弄明白地铁公司招标的真正意向，才有获胜的可能。

李嘉诚通过各种渠道获悉，地铁公司现金严重匮乏。地铁公司以高息贷款支付购地款，现在急需现金回流以偿还贷款，并指望获得更大的盈利。

为此，李嘉诚的方法是：首先，满足地铁公司急需现金的需求，由长江实业公司一方提供现金做建筑费；其次，商厦建成后全部出售，利益出地铁公司与长江实业分享，并打破对半开的惯例，地铁公司占51%，长江实业占49%。这对长江实业来说是一笔沉重的现金负担。最终，李嘉诚决定破釜沉舟，在准备充分的前提下冒一次险。1977年，长实中标的消息传来，举座皆惊。

谈到自己的成功时，李嘉诚淡淡地说："这是我步步为营，不贪婪，不涉赌博，循规蹈矩的结果。"李嘉诚对于高级管理人才的重点要求有两项：一是帮助公司成长；二是财务上必须健全。他一定要使得此两点达到平衡。在财务上，李嘉诚是一个很保守的管理者，公司从来没有超贷过，对于这么大的公司来说，这非常不容易。

谨慎者，常因保守而错失商机；开创者，又常因扩张太快而失足。极为困难的是，能两者兼备，取得平衡。正是因为李嘉诚用战略家的眼光高瞻远瞩，不计较一时的得失，而对于看准的机会和目标则全力以赴，同时踏踏实实，做好一切准备工作，稳中求进、进中求稳，才有了今天的成就。

由此可见，经营企业是一个步步为营的过程，而步步为营的策略必将达到"不疾而速"的结果。如何做到步步为营地开创事业呢？

1. 掌握行业趋势、卖方与竞争者的罩门，也就是说要掌握成功所必备的知识。

2. 公司本身须财务稳健，才有议价弹性。

3. 必要时，以私人资金支持公司对外购并。当一切齐备，自然能一举中的。

guan jian shi, pan shi yi shuo le shen me

Article 03

第三篇

关键时刻之经营哲学
做液态的企业

第七章　市场缺什么，我们就做什么
第八章　服务意识是王道
第九章　客户需求是设计出来的

第七章
市场缺什么，我们就做什么

第一节　市场是聪明的，有生命力的

以市场为导向，挖掘市场需求。

我相信市场是聪明的，有生命力的。因为市场是由千千万万聪明的、智慧的人的行为组成的。市场多数时候是由千千万万聪明大脑叠加形成的，只有在少数情况下才会表现为集体的非理性。我们不要把市场看成单一的、不变化的，市场不是不见棺材不掉泪，不撞南墙不回头的。

我们一定要相信市场的力量，市场上面有两种力量，一种力量是奖励，一种力量是惩罚。市场会奖励那些判断正确、决策理性的企业；而那些冒进的、不理智的、对市场判断错误的企业，一定会受到市场的惩罚。市场的发展就是在这两种奖励与惩罚的力量共同作用下进行的。

今天在销售现场待了半天，学习到不少东西。房子的定价是我们的市场部和设计部根据位置、户型、朝向、层高、人流的多少等去做第一轮的方案，然后财务法律部门审核，政府最后批准。其实客户都很有投资的眼光。定价低时就"秒杀"了，定价高时经过半小时也达不到政府的最后审批价格。总的来说一定要相信市场。

——潘石屹谈市场

 背景分析

有人总是喜欢整齐划一的步调，认为参差杂乱的市场只有统一起来才能快

第三篇 关键时刻之经营哲学
做液态的企业

速发展,而潘石屹却持相反的观点。他说自己喜欢杂乱的市场,所以他去纽约证券交易所看到里面乱哄哄的场面时觉得踏实,可当他去纳斯达克整齐的大厅时,内心就会升起一阵阵不安。

潘石屹表示自己眼中的杂乱并不是乌烟瘴气、秩序混乱,而是一种市场中各种鲜活的力量都得到了制衡的表现,是平衡中的杂乱。他常将罗素的"参差不齐乃幸福本源"挂在嘴边:"从人生角度,从市场角度,从社会角度来看,单一只能将生命力和平衡扼杀掉。"

市场统一思想有百害而无一利,这可以从股价的高低直接反映出来。潘石屹认为如果大家都看好或者都不看好某一只股票时,往往意味着灾难即将降临,他认为这和物理学中的共振现象极为类似,一旦发生,破坏力是巨大的。他又用1997年香港股票市场的大跌来举例。1997年香港回归,大家对香港的股市也是一致看好,于是成千上万人纷纷将钱投入股市。潘石屹说就连大街上擦皮鞋的人都觉得投资股市有钱可拿时,机会已经失去,这时候要做的就是快抛、快跑,不能迟疑,或许下一秒股票就会大跌。

潘石屹十分相信市场的力量,在他眼中,市场是聪明的、有生命力的,市场总会给人们指明正确的方向。有人可能会以股票市场的非理性来反驳,但潘石屹对此表示,股票市场的非理性很多时候只是人为因素造成的,和市场本身机制无关。

他认为市场生病时就好比小孩生病,不能每次一生病就输液吃药,而应该让市场的自身免疫力发挥作用,如果市场自身无法调节,这时候才需要外力的干涉。

潘石屹为何如此看好市场的力量呢?他认为市场中之所以某些人会对某一行业趋之若鹜,或者相反地赶紧逃离某个市场,是价格导向作用的具体体现。价格是市场中最敏感的信号,市场中一切关系的变动都与价格的变动呈正相关,是价格对资源进行了整合重新配置。

不过,潘石屹也指出要理性看待价格的力量,市场具有盲目性,一时的价格引导常常可能将人们带入误区。为此,我们需要做的是透过现象看本质,尽可能准确地解读价格变动给我们传达的消息。

一次,他看到有人写文章说"王石降价了该表扬,潘石屹涨价了该批评",觉得这是个荒唐的命题。在他看来,降价打折是一件值得深思熟虑的事,不可人云亦云。降价打折时,就该是厂商反省时:是该市场饱和了,还是产品本身设计落后了?

潘石屹心目中公司的最佳状态是无债务、无土地储备、无固定资产的"三无公司"。他希望自己的公司是液态的,甚至是气态的,因为公司必须适应市场的变化。如果公司是液态的,无论市场如何变化,这样的公司都可以渗透到市场的每个缝隙中,需圆则圆,遇方则方,也就永远不会被市场淘汰。

拓展透析

潘石屹呼吁一定要相信市场的力量,因为市场是聪明的、有生命力的。企业管理者要带领企业在市场竞争中立于不败之地,就必须以市场为导向。市场的要求直接反映在消费者的需求上。优秀的管理者不会在产品卖不出去的时候找借口或者埋怨消费者,也不会在不能满足消费者需求时试图改造消费者接受自己的产品,而是不断挑战产品和服务给消费者带来的效用。如果企业意识不到消费者需要什么样的产品和服务,企业的可持续发展就很危险了。

找准市场需求并不简单,首先需要企业长期的自我观察,并在市场上与同类企业或产品进行比较。智慧的创业者应该向华为学习,从不考虑"我已经取得了什么",而是"客户还需要我提供什么"。

适应市场需求,一般来说有两种情况:

第一种情况是消极被动适应法。就是简单地追随市场需求,紧盯着消费者的需求,走在消费者后面,亦步亦趋。这种方式不能适应变化多端的消费者需求,也不能在根本上满足消费者需求。

第二种情况是积极主动适应法。创业者在市场调研的基础上把握消费者需求的现状及其变化趋势,走在消费者的前面,主动地引导消费者。这种方式能从根本上满足消费者需求,真正适应了消费者的需求。

永远问客户还需要什么,就是要求创业者在客户中找到自己的核心竞争力。核心竞争力是企业竞争力中那些最基本的,能使整个企业保持长期稳定的竞争优势、获得稳定超额利润的竞争力,是将技能资产和运作机制有机融合的企业自组织能力，是企业推行内部管理性战略和外部交易性战略的结果。

当一家创业公司在努力找到客户没有被满足的需求并通过满足这一需求获得盈利时，企业的增长机制也就培养出来了。

第二节　看准时机再出手

<mark>如果面粉的价格比面包贵了，那一定是要出问题的。</mark>

问：潘总您好，我在网上看到一则消息，您说百日之内地产业会有大的变化，您能不能给我们透露一下是什么类型的变化？

潘石屹：我跟朋友坐在一起吃饭，谈美国经济危机，谈中国房地产，这是明摆着的。例如中国通货膨胀特别高，今年（2008年）二月份CPI是8.7，这是特别高的数字。所以温总理在答记者问的时候说本届治理通货膨胀是第一位的。如果要把通货膨胀降下来，就得实施从紧的货币政策。所以中国未来的政策一定是从紧的货币政策。

中国的情况不好，国外的情况不好，而房地产行业又是一个资金特别密集型的行业，这个行业没有银行、金融市场的支持，是一定要萎缩、出问题的。中国40多家房地产企业出去（上市），第一家出去以后就回来了，认购率非常低，这就是一个明显的信号，这样的情况下一定要特别小心。

我记得有一句名言："用烈火考验真金，用真金考验人心。"就是说如果人心经不起钱的诱惑，太贪婪了，一定会有这些危机来调整，让经济的发展比较健康一点。所以我跟朋友们聊天后，就碰到网上有一个记者问我，我跟他说了"100天"，紧接着一天时间，200多个网站转载，接着平面媒体叫"百日剧变"，一下想起百日维新，我确实发现网络的力量和传播速度非常强大。

在2007年，差不多有10个月的时间，中国每一个城市土地的价格都超过了房价。而我们SOHO中国无论是上市前还是上市后，账面上都是有资金的，可是我们没有购买一平方米的地。当市场疯狂的时候，我们一定要严格遵守纪律。标准有可能是你定，也可能是市场定。如果面粉的价格比面包贵了，那一定是要出问题的。

凡是依靠倒卖土地赚钱的公司，最终的结局可能会很悲惨，十多年前海南一些项目公司的命运已经证明了这一点。

——潘石屹谈把握时机

背景分析

其实成功和失败之间，常体现在对时机的把握上。

回顾潘石屹的创业史就可发现，他每上升一个台阶都源于他灵敏的地产嗅觉，对机会的把握。他出生在20世纪60年代，发家在90年代。他本是机关里的一个小职员，却坚决打破了铁饭碗，辞职下海；在海南遇到地产泡沫，许多人都撤退的时候，他坚守阵地，不久时来运转，赚到了人生的第一桶金；而在大家认为海南还有利可图时，他撤出了海南；当大家犹豫不决的时候，他又与友人创立了万通公司，开启了另一番事业。

就在海南岛的房地产看似如火如荼的时候，两个数字让潘石屹惊出了一身冷汗。北京市人均住房面积只有7平方米，而相比之下，海南的人均面积已经超过50平方米。1992年8月，他预感到海南房地产市场不能持久，于是果断转移了阵地。

潘石屹本想将事业放在自己的老家——西北，可经过几天的考察后发现，西北实在是太穷，没有任何的投资价值。这时，联想到自己在海口房管局看到的数据，他决定将北京作为事业腾飞的起点。

潘石屹先来到怀柔，很快注册了公司。有一天，他在怀柔县政府吃饭，无意间听到旁边吃饭的人讲，北京市政府下发了一个文件，给了怀柔4个定向募集资金的股份制公司指标。潘石屹一听，主动找到县体改办主任，拉近关系，并委婉表达了自己想做公司的意愿。主任当即答应，要他回去准备申请材料。潘石屹告辞后，东奔西跑，不久"北京万通事业有限公司"挂牌成立。

后来他离开了万通，创建了自己的公司。地产商都知道土地就是一笔稀缺的资源，谁拥有了土地，也就相当于拥有了一座金矿。2006年之后，许多地产商开始大量囤积土地，顺驰公司就是个鲜明的例子。

关于这事，潘石屹在《SOHO小报》上谈及了自己的看法，他认为顺驰这种大规模的囤地扩张是非常危险的，成功的概率也是小之又小。他分析说，顺驰要想成功只有一种可能："就是中国在这次宏观调控中大幅度地限制建设用地的供应量，使土地变得非常稀缺，价格高速上涨，顺驰这一两年来高速扩张圈的地就会很值钱。"可是理性地想一下，这样的假设几乎不可能，政府的宏观调控也需要考虑到市场的供求关系。正如他预料的那样，仅仅时隔一年，顺驰公司就土崩瓦解了。

就在整个行业大规模圈地的时候，潘石屹选择了观望。事实再一次证明，他又做了正确的决策：2008年春天以来，整个房地产市场一度陷入低迷状态，许多房地产商为渡过危机，只得将自己手上的部分土地低价出售。潘石屹看准机会，以较低价格逐步收购了北京黄金地段的项目。

拓展透析

潘石屹的成功，和他对时机的把握是分不开的。其实，创业的时机正确与否在很大程度上决定了创业的成败。可以说创业本身并没有正确错误之分，如果在正确的时间做正确的事，创业必定事半功倍；如果在错误的时间做正确的事，则创业必定失败。

1931年，美国著名企业家哈默从苏联回到美国。这时，美国正在进行总统换届选举。哈默通过深入分析，认定罗斯福会获胜。哈默知道，罗斯福喜欢喝酒，他一旦竞选成功，1920年公布的禁酒令就会被废除。到那时，威士忌和啤酒的生产量将会十分惊人，市场上将需要大量的酒桶用以装酒。这里面蕴藏着巨大商机。用来制作酒桶的木材非一般木材，而是经过特殊处理的白橡木。哈默在苏联生活多年，他知道苏联盛产白橡木。于是，他立即决定返回苏联去订购白橡木板。

哈默将这些木材运到美国，并在纽约码头附近设立了一间临时的酒桶加工厂，作为应急的储备。同时，他在新泽西州建造了一个现代化的酒桶加工厂，取名哈默酒桶厂。哈默酒桶厂开业的时候，禁酒令尚未解除，所有的人都觉得他是个疯子。然而，当哈默的酒桶生产线日趋成熟的时候，罗斯福下令解除了禁酒令。人们对威士忌的需求急剧上升，各酒厂的生产量随之直线上升，同时需要大批酒桶。此时，哈默早已给酒厂准备好了大量酒桶。生产酒类的厂家有许多，而大规模生产酒桶的工厂却只此一家，哈默酒桶厂的盈利远远超过了酒厂。

哈默的成功就在于他对时机的把握上。创业不是有了好的想法找到合适的项目就能坐等赚钱了。试想一下，如果新总统依旧实行禁酒令，哈默的举动一定会造成巨大的失败。所以，凡事必须以把握正确时机为前提。

如何才能把握机会呢？以下几点可供管理者参考。

第一，走入人群，接近成功、积极的人，在人群中找机会。管理者的身边往往聚集不少优秀的企业家，这是一笔不小的财富。

第二，必须对自己行业的相关业务做到精通。精通业务后才可能对行业的发展趋势有个大概的评估，也有利于把握机会。

第三，遇事冷静，有自己的主见。管理者最忌人云亦云，当大家都发现有个机会时，那就不是机会了。

第四，果断。看到机会时，要果断地出击，机会总是稍纵即逝，在你犹豫间，可能对手已经捷足先登了。

第三节　放开思维，多渠道经营

创新需要开放的思维，与全社会广泛交流。

社会的进步一定得给所有的人自由，一定得开放，如果不开放的话，获得知识、信息的途径会非常少，与外界文化和经济等各方面的交流就少，各种思想不发生碰撞的话，各行各业很难有本质上的提高。

未来的商业竞争主要是思想、观念的竞争，能不能为社会提供有价值、创新的产品将成为决定企业成败的关键。有价值的创新产品绝对不是靠闭门造车，关起门自己想出来的，要与全社会广泛交流。

社会对我们的批评声音很多，说我们不用中国的设计师，老用国外的设计

第三篇　关键时刻之经营哲学
做液态的企业

师。其实我们在初选招投标的过程中是没有任何偏见的，不管他是一个中国人也好，外国人也好，黑人也好，白人也好，黄种人也好，男人也好，女人也好，我们入围的标准主要是看他的作品。首先要看作品有没有原创性。因为我们是个商业机构，跟政府建一个公共建筑不一样，而这个商业机构就是要有原创的商业模式，有原创的作品，这样市场才追捧你。你如果今天这边看了一个一样的，明天那边看了一个一样的，大家就都疲劳了，就没有新奇感了，所以我们在做的每一个项目都要跟别人是不一样的。

——潘石屹谈开放的重要性

背景分析

潘石屹认为市场真正需要的是新奇的、富有时代气息的、具有里程碑意义的建筑，为此就不能闭门造车，而应该放开思维，加强与外界的交流。有人批评他崇洋媚外，他反驳道："这都21世纪了，这种资本还能区分出来是美国的资本、英国的资本还是中国资本吗？你还能够区分清楚，这个元器件是中国制造还是日本制造吗？"

他认为未来的社会和城市都是多维的："人和建筑会和植物一样自由地伸展、自由地成长和自由地交往。过去那种固定的关系，直线化的、平面化的表达方式、思维习惯和建筑空间都将受到巨大的冲击。"在潘石屹看来，这种趋势不可逃避只有坦然接受，既然社会在变，我们的思维也应该随之而变，我们的战略也应该作出相应的调整，不断推出适应变化的优秀建筑，才能更好地把握住房地产的未来。

潘石屹说自己并不是戴着有色眼镜来看待中国设计师，SOHO中国每次在初选招投标的过程中，从没想过根据国籍决定用谁淘汰谁，他们关注的点只有一个：作品是不是具有原创性。对此他也曾无奈地表示，国内的设计师原创性比较缺乏。在近些年来和中国设计师打交道的过程中，潘石屹发现某些设计作品第一眼看上去十分出彩，可再一看只是个花架子，根本就不是那么回事。更让他感到可气的是，有些设计作品他很满意，可后来发现，这个设计是抄袭别人的。

关键时，
潘石屹说了什么

虽说中国设计师与国外设计师相比可能还存在一段不小的差距，不过令人欣慰的是，近些年来国内设计师进步之快不容小觑。潘石屹认为，这得益于中外频繁的交流。

潘石屹说自己是个纯粹的商人，对一个地产商而言，一个好的建筑取决于3个条件，即地段、设计以及质量。在这3个因素中，能让建筑出类拔萃，公司又能控制的只有设计。他认为建得再好没有一个好的设计，建筑也只是个质量上乘的工业品，而不是艺术品。

因此，SOHO中国的项目在设计上都力求让人眼前一亮，他对设计师的要求就是大胆一些。2004年，潘石屹在接受采访时自豪地告诉记者，自己的项目是一个项目跟另一个不一样。现代城花花绿绿的，而第二个项目则是白颜色的，等做到SOHO·尚都时，没有一条线是直的。"这只是从外表看，我们所开发的项目是完全不一样的，内部功能我们也是不断地改进。我本人和我们团队不愿意简单地重复，重复会让人疲惫。"每次谈到自己的作品，潘石屹言语中总有难掩的自豪。

潘石屹说自己不愿意走万科的路子，他的愿望是为中国设计里程碑式的建筑。因此，在房地产圈中，SOHO中国名下的建筑虽然屈指可数，却是每一件都能让人耳目一新、容易让人记住的。为实现自己的建筑梦想，他在设计招标时从来不问英雄出处。SOHO中国的几乎每个建筑都能见到这种融合的特征，其中最典型的要数"长城脚下的公社"。

长城脚下的公社是中国第一个被威尼斯双年展邀请参展并荣获"建筑艺术推动大奖"的建筑作品，同时，用木材和硬纸板制作的参展模型也被法国巴黎的蓬皮杜艺术中心收藏，这是蓬皮杜艺术中心收藏的第一件来自中国的永久性收藏艺术作品。光环背后，是12名亚洲杰出设计师的共同合作。

公社的手提箱是中国香港设计师张智强的作品，家具屋来自日本设计师坂茂，三号别墅是中国内地设计师崔恺的灵感体现，大通铺则是泰国设计师堪尼卡的手笔……长城脚下的公社这座酒店别墅是4个国家，12位著名设计师合作的成果。可以说，正是打开视野才让那么多著名的设计师齐聚SOHO中国，创造了一座又一座堪称标志的建筑。

潘石屹设计招标是看作品而不是看设计师国籍，虽然结果出来获选的以国外设计师居多，但潘石屹表示：不要看到他是国外设计师就理所当然地以为他的作品也是优秀的，有一些不入流的外国设计师正是基于人们的这种心理浑水摸鱼，甚至专门成立公司来国内招摇撞骗。放开思维，多渠道经营，本身没有错，但是也要擦亮自己的双眼，找到真正优秀的设计师，因为只有他们才能为中国的设计界注入新鲜的血液。

拓展透析

多元化不是或者应予谴责或者应予赞扬提倡的。SOHO中国的每件作品让人记忆深刻，就因为它们是多元化的结果。其实，不光设计行业讲求多元化，企业家在经营过程中也需要具备多元化思维。

德鲁克说，只有两种方式能够让多元化经营协调一致，一是企业所有业务都是在一个共同市场中，二是企业所有业务都是由一种共同技术在贯穿。无论是共有市场还是共有技术，对多元化发展能否成功起决定性作用的是企业的核心竞争力。没有核心竞争力，企业无论规模多大，也难逃多元化陷阱。

正大集团曾经是泰国最大的企业，也是最早来华投资的跨国公司。1979年正大开始来中国考察项目，与可口可乐、摩托罗拉等世界著名跨国公司在中国推进专业化战略不同，正大处处撒网，在中国除了宁夏、西藏、青海以外的各省共投资180多家企业，投资领域涉及农牧业、食品、石油化工、通讯制造、摩托车等十几个行业。由于战线拉得太长，行业相关度不密切，企业缺乏核心竞争力，最终在华投资遭遇挫折。

不少企业因多元化经营吃了苦头，甚至到了破产边缘。这导致许多人认为多元化经营与核心竞争力是相抵触的。实际上，核心竞争力和多元化经营并不矛盾。核心竞争力的企业战略并非一定就是专业化经营的战略。有的企业虽然走上了专业化经营的道路，形成了产品上的差异，也不一定有核心竞争力。企业决策的关键在于所经营的业务是否建立在自己的核心竞争力的基础之上。

在进行多元化经营的企业中，一般有两种方式培育核心竞争力，一种是从多元化经营中经过修剪和取舍，形成核心业务，再形成核心竞争力；另一种是先在某项业务上形成核心竞争力，然后利用核心竞争力的可扩展性向其他业务领域延伸。在这方面，佳能公司提供了一个很好的例子。

以照相机起家的佳能公司，经过专注经营，以独特的影像技术为核心，集成了最先进的精密机械技术、光学技术的微电子技术，构成了图像化方面的核心竞争力。在此基础上，公司把业务领域从原来单一的照相机业务延伸到复印机、打印机、传真机等新行业，取得了多元化经营的巨大成功。

同时，进入新业务领域的成功，并未影响照相机的技术和市场地位，反而促进了照相机产品的更新换代和继续发展。1988年，该公司提出了"二次创业"，再次以自身的核心竞争力为基础，进入信息机器、映像机器和液晶装置、半导体这三大发展潜力大的新领域。如今，该公司已经实现从"影像的佳能"到"信息的佳能"的过渡，并开始迈向"社会生存学的佳能"。

企业能不能多元化经营不能一概而论。无论专业化是多么可取，可能也必须有多元化来予以协调，否则可能会过分专业化。另一方面，无论多元化多么可取，或事实上不可避免，也必须有可能的专业化，否则就会分裂和混乱。因此，能否多元化的关键就在于企业是否具有核心竞争力。

第四节　低进高出是做生意不变的规律

赚取最大的利润是做生意永远不变的规律。

2007年2月到11月这10个月的时间，中国内地的土地市场是最疯狂的10个月。疯狂到什么程度呢？就是楼面价格比周围的房价都要贵，也就是所谓的面粉贵过面包……在这疯狂的10个月中，我们一平方米的地都没有买进。

从过去几年直到今年（2008年），SOHO中国的土地储备是合理的，是在符合国家法律范围之内的土地储备。但2007年，中国的土地市场有十多个月的时间太过疯狂，所以SOHO中国放慢了取得土地的计划。目前还会按照公司预定的方向购买可供开发的土地。

第三篇　关键时刻之经营哲学
做液态的企业

公司未来的发展需要一些地块，拿出一部分资金用作土地储备是正常的，但土地储备的量不能太大，主要是提升土地储备的价值。我们还是专注于做土地商业地产最好的地段，如北京的CBD、天安门、三里屯等人口最密集的地段。但公司不会囤地、囤房，我认为这会影响资金周转，而足够快的资金周转是地产企业发展的生命。

目前国内外的经济形势就是资金紧张，做生意永远不变的规律就是：低潮进货，高潮出货。最忌讳的就是做反了，做反了就会亏本，就会给股东造成损失。

——潘石屹谈低进高出

背景分析

潘石屹认为商业模式最核心的方向就是别人都干的事情你别去干。2007年，许多房地产商大肆囤地，将触角伸向全国各地，潘石屹见此情景却并未被这如火如荼的购地浪潮冲昏了头脑。他冷静地分析了当时中国的房地产市场，得出的结论是：中国的房地产市场正处于泡沫中。其实，这还不是让潘石屹放缓脚步最直接的因素。当时，各地房地产商对土地掀起了疯狂的抢购热潮，这极大地压缩了SOHO中国可供选择的空间，也就意味着如果SOHO中国想要取地，得付出几倍的成本。

2007年起，特别是3月份和4月份，北京的房价一直上涨，房屋的成交量及价格都呈现出一种变态的增长。潘石屹从中预感到未来的一年内中国的房地产将会出现与此相反的情况，即钱少地多。他坚信到时候绝大部分的房地产公司将不得不以低价卖出今年购进的土地，以缓解资金链断裂的压力。

2008年春天，他还提出著名的"地产百日剧变"理论。潘石屹认为受国际资本市场惨淡和国内宏观调控银根紧缩的双重打击，中国很多房地产公司将在百天之内产生剧变反应，并进入前所未有的融资艰难期。为佐证这一观点，他分析了3个原因："首先，2008年中国房地产企业普遍缺钱，因为去年一年花钱买地花费太多，购地支出早已超过售楼收入。其次，国际资本市场近期运行不太好。一个显而易见的事实是，到今天为止，中国房地产企业从国际资本市场上，无论是私募还是IPO上市都没有获得一分钱的融资。再者，中国政府始终实行从紧的货币政策,其中最紧的就是房地产的贷款,所以房地产企业的日子今年普遍都很不好过。"

潘石屹的百日剧变理论一出,就掀起一阵讨论的热潮。而接下来房地产市场出现的局面宣告了"面粉贵过面包"时代的终结:那些大量持有土地的房地产商都急于将自己手中的土地脱手。因为前一年的疯狂购地,这些房地产商的资金几乎都分散在土地上,没有多少现金可以周转,不仅如此,国内国外的经济形势让房地产商无法借助外力进行融资。在无可奈何的情况下,他们只得通过忍痛割让土地来帮助自己渡过危机。

而潘石屹2007年通过理性分析在"面粉贵过面包"时果断选择了退出争夺。2008年,当其他房地产商疲于应付资金压力时,潘石屹却看准了时机,逐步出手收购北京黄金地段的项目,仅仅相隔一年,当初还几倍于今的土地,不少已被他拿到手里。

拓展透析

低进高出是企业赢利永恒的规律,企业如何才能创造更大的利润?很多管理者认为是销售额的提升,潘石屹却认为是成本的降低。他的做法和很多世界顶级公司的管理者的想法不谋而合:在微利时代,降低成本是企业面临的一种必然选择。

在市场竞争日益激烈的今天,降低成本的能力是企业竞争力的体现,因此不断地追求低成本,做到物美价廉,就成了中国台湾"经营之神"王永庆的经营信念。他曾说过:"经营管理,成本分析,要追根究底,分析到最后一点,我们台塑就靠这一点吃饭。"

有一次,公司开会讨论南亚工厂做的一个塑胶椅子。做报告的人把接合管多少钱、椅垫多少钱、尼龙布和贴纸多少钱、工资多少钱都算得很清楚,合计550元(新台币)。而且,他把每个项目的花费在成本分析上统统列出来了。

但王永庆看过之后又马上追问:"椅垫用的PVC泡棉1公斤56元,品质和其他的比较起来怎么样?价格如何?有没有竞争的条件?"

对此种问题,报告人显然没有研究过,因此他答不出来。

第三篇 关键时刻之经营哲学
做液态的企业

王永庆再问:"这PVC泡棉用什么做原材料?"

"用废料,1公斤40元。"

"那么大量做的话,废料来源有没有问题呢?"

报告人又不知道。

"南亚卖给别人裁剪组合,在裁剪后收回来的塑胶废料1公斤多少钱?"

"20元。"

"那么成本1公斤只能算20元,不能算40元。使塑胶发泡的发泡机用什么样的?什么技术?原料多少?工资多少?消耗能不能控制?能不能使工资合理化?生产效率能不能再提高?"结果报告人也不知道,他根本没有分析。这么一大堆工作没有做,在王永庆看来是绝对不行的。

王永庆一再强调,要谋求成本的有效降低,无论如何必须分析在影响成本的各种因素中最本质的东西,也就是说要做到单元成本的分析,只有这样彻底地将有关问题一一列举出来检讨改善,才能建立一个确定的标准成本。

王永庆不仅要求员工在公司产品上降低成本,即便是对待日常的办公用品,他也要求员工尽量降低成本。一次,他发现公司生产的公文夹的成本是1.2元,而美国产的同样的产品成本只有0.5元,于是他要求南亚公司研发中心就这一问题进行研究,务必将成本降至美国同等水平甚至更低。为此,研发中心以近两年的研究,将公文夹的成本降至0.5元的水准,为整个集团每年减少了许多支出。

王永庆就是这样从一点一滴做起,力争最大限度地节约成本,不多花一分钱,达到降低成本的理想目标,实现企业的合理化经营。

在企业内部只有成本,企业管理者的一个根本任务就是不断降低成本。不要等到开支超过盈利的时候才想到要降低成本,其实,公司各方面的开支都有节省的余地。其中节省开支最多的是以下几个方面:

1. 建立产品成本控制目标和生产责任制,并直接落实到个人。这样做可以大大减少废、次品,在提高产品质量的同时也降低了成本。

2. 杜绝"凑整"。看到以整千、整万数字形式出现的支出账目,作为一位精明的管理者,一定要再核查一遍。因为很多时候相关人为了"凑整"会把费用提高。

3. 把公司的经费缩小到合理费用的最低限度，并进一步要求做出更好的成绩来。

4. 培养员工养成节省的好习惯。随手关水关灯等看起来是小事，但如果千万名员工共同行动，就能节约下一笔不小的财富。

5. 管理者在必要时应督导和训练员工，久而久之，公司的节省就成为一种习惯。

第八章
服务意识是王道

第一节 与客户保持一个长期的关系

一个公司不仅要注重产品质量，更要注重服务意识与服务质量。

公司的规定、服务、措施都在努力与追求稳定回报的客户保持一个长期的关系。当然，忠诚度的培养不是一朝一夕的事情，这不是做几次推介会、展销会就能奏效的，它是一个潜移默化的过程。房地产开发商不能把房子卖出去就完事，更重要的是以后的服务。这个服务不是指表面上要有多殷勤。一个有生命力的机构、公司，不仅要注重产品质量，更要注重服务意识与服务质量。

作为一个商业公司，过去更多是强调为客户提供服务。但社会发展到今天，仅为客户提供服务已经远远不够了。我们不能够只为付钱的人提供服务，而在花我们钱的人面前做大爷，做"甲方"；不能只是级别低的员工为级别高的员工服务，级别高的员工做大爷，发号施令。这都是违背服务的基本精神的。我们的员工、我们的公司不仅要为客户提供服务，还要为我们的材料供应商、施工单位、设备供应商、设计单位等提供优质的服务。

——潘石屹谈如何与客户打好关系

背景分析

潘石屹十分注重维护与客户的关系，在他看来，"哪里有市场，哪有有客户，我们就出现在哪里，了解他们的想法，为他们服务"。SOHO中国的内刊《SOHO小报》曾是全国发行量最大的内刊之一，谈及建立内刊的初衷，潘石屹的回答只有两个字：沟通。

为加强沟通，潘石屹每年都会定期举办各种类型的活动，比如客户联谊会等。另外，他每年都会抽出至少一个月的时间放在与客户的交流上。在这一个月内，他的足迹踏遍山西、内蒙古等地。这种看似旅游性质的拜访其实是潘石屹的秘密武器之一，他根据售楼情况走访客户集中的山西、内蒙古一带，从中寻得潜在客户。

潘石屹不仅亲自出马维护与客户等的关系，还时常告诫员工要为客户提供及时优质的服务，这种服务不仅是要提供给通常意义上的客户，即甲方，还要具体落实到乙方身上。他认为："不光让付给我们钱的人投诉，我们付给别人钱的，有服务不好的也应该投诉。"

一次，SOHO中国的一名工程总监和部门经理产生了摩擦，两人起了争执，这位工程总监气不过，决定离开。潘石屹听到这事立马把工程总监请来一起喝茶。二人还没坐定，工程总监就把内心的委屈一股脑地倒了出来。工程总监想不通自己作为甲方，竟然被乙方告了，在他的观念中，有钱的是大爷，虽然二人在合同法中地位平等，但现实生活中都是乙方求着甲方办事。

潘石屹听完工程总监的抱怨，内心很受触动，虽说现在法律规定甲乙双方地位平等，但现实生活中这种服务上不对等的现象比比皆是。在一些人眼中，所谓的服务只是单方面的，谁出钱自然就是为谁服务。

潘石屹坚持公司的服务不能仅局限于甲方身上，也要惠及乙方。他经常告诫员工服务他人是一种美德，不能因为一个人对你不好，你就对其他人不好，使美德的光环受损。简言之，就是要戒迁怒。

戒迁怒是服务乙方的一种具体体现。潘石屹举例说迁怒常发生在上下级之间，迁怒能够发生本身就意味着一种不平等。有些人上班时受了委屈，下班后就将气撒到妻子身上；妻子不开心了，就将这种情绪转移给了儿子。这样一层层地传下去，最后总会波及某个圈子中最弱小的人。

潘石屹认为要消除这种不好的观念，就要人人自觉提高自己的服务意识，心平气和地服务他人，只有这样公司才能健康发展，品牌才会有生命力。

第二篇 关键时刻之经营哲学
做液态的企业

🎨 拓展透析

潘石屹十分注重与客户维持良好的关系，因为他知道客户才是利润的来源。持同样观点的美国经济学家威德仑也曾说过："客户就像工厂和设备一样，也是一种资产。"可见，培养忠实的客户对企业而言是非常重要的。忠诚度是客户对产品满意度的直接体现，反映出客户转向另一个产品的可能程度。为了保持利润的持续增长，公司的目光要从市场占有率的数量转向市场占有率的质量，而这必须通过创立和巩固产品的品牌忠诚度来实现。

企业要以特定手段对客户进行分级，区分出对公司利润有最多贡献的那一批客户，并为之创造更高消费价值，提供更多、更好的服务，使他们成为公司的忠实客户，长久为公司创造利润。研究表明，争取一位新客户所花成本是维系一位老客户的6倍，所以，现在许多企业都已开始意识到打造客户忠诚度的重要性。

世界十大饭店之一的泰国东方饭店几乎天天客满，不提前一个月预订就很难有入住机会。他们非常重视培养忠实的客户，并且建立了一套完善的客户关系管理体系。楼层服务员在为顾客服务的时候甚至可以叫出客户的名字；餐厅服务员会问顾客是否需要一年前点过的那份老菜单，并且会问顾客是否愿意坐一年前来的时候坐过的老位子。顾客在生日来临的时候，还可能收到一封饭店寄来的贺卡，在贺卡上，他们用极其温情的语言来表达他们对顾客的思念。在这样人性化、周到体贴的服务下，泰国东方饭店生意越来越红火。用他们的话说，只要每年有1/10的老顾客光顾饭店就会永远客满，这就是东方饭店成功的秘诀。

泰国东方饭店的成功提醒了广大创业者，要想使客户与企业终身相伴，首先要建立一套完善的客户数据库，这是基础中的基础。在美国有超过80%的公司建立了市场营销数据库。这些数据库能够清晰地勾勒出客户的特点、习惯和爱好，能够帮助企业为客户提供贴心服务。因为假如没有客户资料，连客户都不知道在哪里，企业是无论如何都不会成功的。

另外，要加强对直接面向客户的员工的培训和管理。必须经过严格专业的培训和标准化管理，使员工具备高素质及高服务水平。如果一个客户第一次接触你的公司或者你的产品，而没有得到足够的满意，那么很可能这是第一次，也是最后一次。

最后，企业要懂得感恩，需要拿出一定比例的费用用于奖励忠诚客户，表达对他们忠诚于公司的感谢，以此来促进与客户之间的关系。

第二节　面对批评，超越是非概念

> 我们应尽可能找到批评背后的真正原因。

客户批评商家，在商业社会中是最正常的事情，不是许多商家都说"顾客是上帝"吗？

我们做《SOHO现代城批判》，就是要超越是非的概念。做这本书，绝对不是想骂谁、攻击准，也不是想争论谁长谁短，更不是想证明给别人看SOHO就是完美无缺、不可批评的经典。我们只是希望，这样做能够在房地产行业开一个头，那就是发展商在市场激烈竞争的情况下，当你的产品和服务出现争议的时候，如何面对投诉和批评。我认为，制造者只有不断地修改自己的产品，才能不断地生产更好的产品。

今天我对同事们说，我们在外面投标，常遇不公平、不透明、不公正的待遇。我们要将心比心，对于所有来公司投标的厂家，要及时耐心地解答他们的疑问和质疑，要做到公正、透明、礼貌。决不能搞猫腻，不能仗势欺人。谁违背了这些原则，谁就会受到公司的处分。

回想起来，这几十年的时间，任何一个行业，产品质量和服务质量的提高，都是在各种各样的批评、投诉的氛围里迅速成长和进步的。如果一个行业自认为是老大，认为自己是老虎的屁股摸不得，这个行业就很难进步。如果得不到老百姓（的支持）、得不到客户的支持，你这个行业就会萎缩，就会消亡。

——潘石屹谈如何面对客户的批评

第三篇　关键时刻之经营哲学
做液态的企业

背景分析

SOHO中国的每个楼盘一开售，总有反对声从四面八方传来。有人悲哀，认为中国成了西方设计师的草稿纸了；有人愤怒，说这是公认的建筑垃圾；有人苦笑，没有道德底线的人却要装作有道德的样子，低估了建筑的生命而不自知。

2011年10月27日，著名演员宋丹丹在微博上炮轰潘石屹，求他别盖楼了。她质问潘石屹：在长安街盖了个难看死的建筑，后悔吗？"潘总，我就是个演员，没多少钱，我请你喝拉撒，别再盖楼了，求你了！"宋丹丹的微博一发，随即引起众多网友的回应，一时间"潘总，我请你喝××"的丹丹体在网络上疯传。

面对铺天盖地的批评声，潘石屹的反应颇有些波澜不惊的味道："对于城市建筑，每个人都有不同的看法，毕竟它不同于摆在自己家里的艺术品。建筑处于众目睽睽之下，就是要允许有人评头论足。"

这说明潘石屹并没有被媒体的质疑声吓倒，他对外界的批判有清醒的认识。他认为面对批评，不需要答案，但要超越是非的纠缠。虽说常常受到批评，潘石屹依旧我行我素，他认为北京既是座古老的城市，也是座富有现代化气息的城市。诚然，SOHO中国的房子太过前卫，太过个性，不过在他眼中，北京人民的包容性很强，不接受也只是一时的事。他相信，在不久的将来，人们对建筑个性的追逐就好像当今穿衣服怕撞衫一样热衷。

不过潘石屹也表示，要允许不同的声音，只有听取所有的意见和批评才可能有正确的判断。抱怨往往能反映出顾客内心中发出来的重要信息，一种既难得又贵重的信息。这样的信息，或许正是自己前进的方向。

拓展透析

正如潘石屹所言，客户的抱怨不是毫无根据的。遇到批评，管理者就需要反思自己的产品或者服务是否达到了客户的要求。而在这两者中，发挥余地最大的便是服务。

服务是企业与众不同的基础，也是获取竞争优势的基本条件，因而企业树立服务导向观念是非常重要的。管理者树立服务为先的导向后，就会认真思索服务特有的本质属性，就会在管理中采用新的营销方式和服务方式。具体来说，服务质量可通过下列途径提升：

1. 倾听、理解消费者

要想有效地倾听、理解消费者必须做到：

坦诚相对以征求消费者意见；进行正规调查，企业通常请可以做出客观评价的第三方——调查公司来进行该项工作，以免被自己的主观感受所误导；深入到消费者群体之中，通过派本企业员工去竞争对手那里直接观察他们服务顾客的方法，或者通过技术人员直接与消费者接触等多种能够直接了解消费者建议的方式来发现提高服务质量的途径；设立消费者热线，该热线可以回答消费者的提问，接订单，解决投诉，派遣维修人员，提供最新资讯；分析消费者建议及投诉，完善并继续沿用消费者反应良好的服务方式；定期召开消费者座谈会，征求他们的意见以改进服务，可以邀请消费者参观企业，由产品的设计制造人员介绍产品工艺流程，同时听取消费者的意见。

2. 制定有效的服务策略

有效的服务策略具备4个特点：

对企业意图的精确概括；明显区别于其他企业；在消费者眼里是有价值的；切实可行。

总之，制定有效的服务策略需要将企业自身价值与消费者对企业产品和服务的期望有效地结合起来。除此之外，还要结合对企业优劣势的分析，对在市场中所面临的威胁与机会进行分析。这样制定出的策略才能被企业员工和消费者所认同。

3. 订立服务标准

服务标准的订立需要注意以下3个方面的问题：

要解决好企业以专业技术角度而订立的由内而外的标准与充分考虑到消费者需要与期望之后而订立的由外而内的标准的冲突；要注意，无论是企业还是消费者都是不允许在标准中规定错误率的；高质量的服务意味着完全迎合消费者的口味，而不是去执行企业与消费者讨价还价之后的折中结果。

第三篇　关键时刻之经营哲学
做液态的企业

第三节　帮客户赚钱

帮客户赚钱，才能赢得更多回头客。

网友：如果买了博鳌的房子，一年住不了几天，怎么办？会有人买吗？还是有人租？

潘石屹：英国人购买蓝色海岸的房子也没有住几天，可是购买的人都赚钱了，大量的房子都可以出租出去，作为度假的房子，不是一个长住的房子，所以我们是请一个法国的酒店管理集团进行管理，购买房子，除了住以外再租出去。如果不租出去对资源是一种浪费，对这个人的投资回报也会受到影响。

交付房子之后，购房者看了之后如果不满意，会在合同之内给你额外的条件，我说我的房子好，你说房子不好，我们不用争论，给你退掉。

你可以转售。就是这个房子如果确实不喜欢，觉得玻璃大了浪费资源，你可以转让出去。实际上无理由退房是游戏规则，尤其是在房地产市场初期的话，更偏向于来保护消费者的利益。

许多客户反映购买了现代城的房子升值了很多，如只退房款，升值部分都归开发商不公平。的确，客户买房本身就是一种投资行为，他们给予我们支持的同时也承担了风险。作为开发商应该把升值了的一部分利益拿出来回报当时支持我们的客户。

几年来，我们一直坚持为客户提供出租服务，客户买了我们的房子，我们会帮客户租出去，实行一条龙服务。在过去的两年里，我们公司每年投入600万元，帮助客户出租。

谁跟我们合作得好，租（务做）得好，我们就（给谁）发奖金。每隔3个月，我们就给中介开个会，第一名奖1万元现金，第二名奖3万元现金。直到把这个房子租出去，经营火了，开发商和业主的关系才能真正解脱。

——潘石屹谈帮客户赚钱

关键时，潘石屹说了什么

背景分析

2001年10月24日是现代城1000多业主陆续入住的日子，SOHO中国董事长潘石屹酝酿了半个多月的"年息10%的无理由退房"也同时推出。他在接受媒体采访时说："我们现在有3000多个客户在不断地投诉我们，他们可能受到了一些伤害。比如，地板裂了一个口子，然后包括'氨气事件'。这些事情我们是怎么处理的呢？我们就是给客户一个足够的出口。如果你觉得这个房子不满意，哪怕是没有缺点你也可以退掉，我把所有的利息全部返还给你。"

他的这项决定遭到了同行的强烈反对，业界人士认为这违反了行业规则。素有"任大炮"之称的任志强听到这个消息后暴跳如雷，骂潘石屹是扰乱市场，给犯罪分子洗钱。潘石屹无奈地表示，自己是真诚地希望此举从根本上解决服务意识和服务质量问题。在他看来，这是一个好的开发商必须做的。

潘石屹说现在房地产商的形象不好，最重要的是土地交易没有市场化、公开化，结果一部分土地流到非专业的人手里，产品质量受到了严重影响。他说做出这项决定，一方面是为了缓和地产商和业主之间激烈冲突对峙的局面，另一方面是希望此举可以促进房地产界出台新的政策。在他看来，住房也是一种商品，别的商品可以实行"三包"，可以退，房子也可以。虽说住房"三包"政策实施起来困难重重，但他有信心。

其实"无理由退房"早在1999年就已经推出，此时潘石屹的这一做法无疑是"无理由退房"的升级版。2001年10月25日，就在业主入住的第二天，他们接到了这样一个通知，如果业主在入住前没有任何违约情况，业主可以提出"10%的无理由退房"，潘石屹表示在通知发布后的20天内，只要业主退房，他们都将得到SOHO中国返还的该房屋的全部房款和定金，外加10%的年息回报金。

潘石屹说这次"年息10%的无理由退房"的提出源于1999年"无理由退房"时所遵照的"出口理论"，即"既然日子过不下去了，不如心平气和地离婚"。据悉，这次升级版的"无理由退房"，与1999年相比，更添了几分温情。它不仅将原来的退房时间延长了10天，由原来的10天变为20天，给了业主更多的决策时间，还推出了"退全部房款＋10%的年息"的政策。这就意味着，公司将要承担更大的责任与压力。据估计，以交了首付款两年、购房款100万元的客户为例，客户实际支出款项包括首付款、按揭还款、办理按揭的费用约为34万元，退房可获得实际收益为8.8万元，收益率约为26%。

对于为何要将原来的"退房款＋银行活期利息"变为现在的"退房款＋10%的年息"，潘石屹表示，许多客户反映他们购买的房子升值了，如果只退房款等，升值部分将会归开发商所有，这样对客户不公平。他认为客户买房本身就是一种投资行为，因此升值部分理当返还给客户。

拓展透析

潘石屹此举看似愚蠢，实则隐藏着大智慧：对于消费者而言，只要能够获得更多的价值，他们就愿意掏空钱袋。因此，任何企业不仅要满足顾客的价值概念，还要想方设法超过顾客的价值期望，让顾客感到物超所值。

让顾客感觉物超所值，牵涉到一个重要概念：顾客价值。顾客价值是以消费者的感官为出发点的概念，是指顾客从购买的产品或服务中所获得的全部感知利益与为获得该产品或服务所付出的全部感知成本之间的对比。如果感知利益等于感知成本，则是"物有所值"；如果感知利益高于感知成本，则是"物超所值"；如果感知利益低于感知成本，则是"物有不值"。

某软件公司销售人员向北京一家贸易公司财务部部长推销一款财务软件。这款软件定价为3600元，部长觉得价格有点高，一直为是否购买而犹豫不决。

看到这种情况，销售人员决定为这位部长算一笔账。他问部长："部长，对账是否很费时间？不知道您这边是经常需要对账，还是偶尔才需要对一次账呢？"

部长表示，由于这家贸易公司是大型卖场和厂商的中间商，需要在财务上每天和卖场及厂商进行核账，一天起码有3个小时的时间是用在核账上面。部长对此很苦恼。

于是销售人员趁机说："我们这款软件的授权使用时间是10年，也就是大约3600天，平均下来每天的成本才1元钱。这1元钱对公司来说，可以忽略不计，而对您的意义可就大为不同了。它等于让您每天空出3个小时的时间。

您觉得值不值？"

部长肯定觉得值，等到销售人员刚把话说完，他就立即决定购买一套。

从销售技巧上来看，销售人员最后使客户欣然接受了这款软件的价格，是因为巧妙运用了"除法原则"。销售人员将3600元的财务软件分解为每天的成本，使客户在心理上觉得价格足够便宜。而从消费者心理学上来看，销售人员的销售技巧使部长产生了一种物超所值的感觉。花1元钱就能换来3个小时的空闲时间，天底下哪还有这么超值的事？

营销界流传着这么一句话：顾客要的不是便宜，要的是感到占了便宜。人们都喜欢占便宜，当顾客觉得占了便宜，就会爽快地掏钱包。企业管理者及营销人员要在顾客价值上多做文章，通过抓住让消费者"心动"的关键点使消费者在心理上产生物超所值的愉悦感和满足感，从而使企业获得更多的机会。

第四节　遇见问题：重承诺，敢担当

有标准的参照标准，没有标准的，我们做参考标准，按大企业的标准做。

从找到问题的原因开始，这起事件就引起了轩然大波。政府在当年的3月1日开始，把含有氨气的混凝土防冻剂列入限制产品，而我们也被卷入事件问题的中心，由大小媒体追击者不断地报道。

我们在查清原因后，首先在媒体上发了一封道歉函，表明我们将承担所有的责任，并且如果有愿意退房的客户，我们可以马上办理退房手续，同时我们在全国范围内征集解决这种问题的办法和设备。

"氨气事件"出来后，虽然直接责任方不是我们，但我们作了反思，并对业主作出了绿色承诺。有国家标准的，达到标准；没有国家标准的，我们参照国外的标准；没有国外标准的，我们做参考标准，按大企业的标准做。

今后每一位新入住现代城的客户，都会得到由北京市最权威机构提供的检测报告，并且在下一个新项目建外SOHO出售时，我们准备把这一承诺写进合同中，目前我们正在和律师商讨具体实施细节。

——潘石屹回应氨气事件

🌓 背景分析

2000年1月初，SOHO中国客户服务部接到住在现代城2号楼的陈先生的电话，说是房间内有一股异味。服务部的人连忙联系施工单位、物业，要他们派人去查，可检查了几次都无功而返。几天后，陈先生说异味加重，随后又有几位客户反映了同样的情况。客户服务部的人连忙将此事告知潘石屹。

预感到事态的严重性，潘石屹一边安抚客户情绪，一边积极联系人处理此事，最后得知是混凝土中加入的防冻剂有问题。原来现代城2号楼施工的时候恰逢冬季。北方天气寒冷，混凝土很容易冻结而导致施工进程延缓。为解决这一问题，施工方曾向混凝土内加入当时符合国家标准的防冻剂。岂料，天气转热，防冻剂中的氨气挥发开来。

氨气很容易引起多种疾病，而且据专家称墙体内的氨气挥发殆尽少则需要两年，多则要15年。北京有关单位进行检测时发现，发现问题的房间内的氨气浓度严重超标，有个别房间甚至达到50多倍。花费上百万元却要每天生活在氨气扑鼻的屋子里，业主们的不满情绪可想而知。

随后，出现氨气问题的客户达到近50户，这些客户与SOHO中国多次协商，但因存在很大分歧，未能和解。潘石屹陷入了无奈中，作为开发商他必须公平对待每一位客户，但氨气问题发现时间长短不一，各户受损程度也无法量化，问题变得十分棘手。

受损害业主将SOHO中国一纸诉状告上了法庭，事情的进展对SOHO中国越来越不利。见氨气事件越发不可收拾，潘石屹在8月中旬首次向受损客户公开致歉，并向全社会广泛征求除氨之法。媒体纷纷转载他的道歉信，在社会上掀起一阵讨论热潮。随即，他又举行了除氨设备公开招标活动。会上，经过对比分析，他找到了效果较好的某品牌除氨设备。虽说平均每套房间所配设备超过一万元，但他还是决定立即购入该设备，并迅速送往受损害客户家中。装了除氨设备后，潘石屹又向这些用户每月补偿耗电费。

关键时，
潘石屹说了什么

2001年4月底，现代城6号楼开盘，潘石屹对新入住业主作出了绿色承诺，并向每一个住户提供了由北京市劳动保护研究所出具的室内空气质量检测合格证明。关于此次作出的绿色承诺，潘石屹也感到压力很大，不过他承诺一定会顾及每一个细节，长期做下去。

2004年2月，拖延4年之久的现代城氨气案件才获得最终裁决：被告北京中鸿天房地产有限公司虽没有法律上的过错，但本着公平原则判决该公司一次性补偿业主孙某、张某各5万元，案件受理费、鉴定费由被告负担。

拓展透析

氨气事件对于SOHO中国如此，三聚氰胺对雅士利也是如此。

2008年的三聚氰胺事件轰动了全国，不少乳业因此一蹶不振，知名企业三鹿也因此破产。雅士利集团虽然陷入其中，却因为重承诺、敢担当，最终渡过了难关。

9月16日国家公布了检出三聚氰胺的名单，次日雅士利集团就对公众表示了诚挚的歉意，并作出了承诺。

第一，在全国相关卖场建立退换货渠道，将不合格产品全部召回。雅士利表示只要购买了自己旗下不合格产品的消费者凭借包装就可以获得全额退款或者换货处理。

第二，对因饮用不合格产品引起疾病的消费者，雅士利表示会在国家标准赔偿的金额上加一倍，同时会密切关注此类消费者的身体状况，以5年为限，在此期间，如果消费者仍然因此患病，产生的费用全部由雅士利集团承担。

第三，如果奶农的产品符合标准，雅士利将继续与之合作。

第四，从美国购进先进监测仪器，对产品的生产过程进行严格把关，确保生产安全。

承诺书发出后不久，雅士利就迅速针对承诺书内容制定了应对机制。最终，雅士利集团再度获得消费者信赖。

在企业的发展过程中，遇到危机并不可怕，企业在这时候如果敢担当，才是正确处理危机的关键。

第九章
客户需求是设计出来的

第一节 抓住客户的潜在需求

<u>最优秀的企业总是引导消费者需求。</u>

最优秀的企业就是市场先锋,它们生产出符合理想的商品,它们推出的产品和服务有着令人叹为观止的创新。最优秀的企业创造需求以及时尚,次一些的企业去迎合需求,也可以活下去。微软就是一个先锋企业,Windows系统影响了全世界。另外我们看苹果做的MP3,就是一个白颜色的小方块,但它改变了多少人的习惯,把多少行业消灭了:音响不需要了,因为MP3只要插一个喇叭就可以了;碟以后也不需要了,因为一个MP3里就可以装26万首歌;歌曲从哪里找,通过网络下载就可以了,整个CD行业过不了10年就跟现在的算盘业一样古老了。可是,它又产生了多少个新的行业?这的确是创造性的产品力量发挥得最好的体现。

我记得在10年前(1996年),我们开始规划设计现代城时,许多人都提出各种各样的异议,认为在北京这样的市场,这样理念超前的房子不能被大家接受。经过10年的时间证明,落后的常常是房地产开发商,而不是市场中的客户。

——潘石屹谈客户需求是主动的

背景分析

潘石屹认为落后的只会是商家,而不是客户。在他看来,人的需求和欲望都是永无止境、不断向前发展的,客户需要新潮的东西,对新思想和时尚的追求一直存在于客户的脑海中,只是还没被激发出来,但没体现出来不代表客户

关键时，潘石屹说了什么

就会对新出现的东西不接受。

对此，他曾举了如下的例子。40年前手机还没有出现的时候，如果你去问大家是否需要手机，他们可能会觉得有电话就已经很好了。可手机生产出来后，人们的需求越来越大，所需功能也越来越多，特别是有些时尚一族，某个品牌新型号手机一出，就会立马抢购。

潘石屹认为自己对房子创新的追求也正是基于同样的道理。总是在潮流与反潮流间游走的SOHO建筑，每一次亮相总会引起人们的热议，赞许者有之，批评声也同样不绝于耳。很多人都觉得这些理念超前的房子不会被人们接受，但三五年后，它们就得到了市场的认可，并且都保持超高的人气。潘石屹自己也说："我们的产品出来，争议5年后就没有人再质疑了。"不过他也提出："有的产品从头到尾都在争议。"

当时SOHO中国在建筑上的很多动作看来都是不合时宜的。潘石屹回忆说当时做现代城的时候，他准备去掉阳台。这是一个挑战传统的举动。北京人一直习惯有阳台。没有阳台的房子卖得出去吗？可潘石屹觉得北京的阳台没有什么用处，与其造成资源闲置不如将它并入客厅面积中，安上落地玻璃窗，既能让房间得到充分利用，又能获得很好的采光。结果，现代城做出来，人们争议一段时间也就慢慢接受了，现在人们见到巨大的落地玻璃窗、花花绿绿的墙体可能习以为常，可如果潘石屹等按照中国建筑的标准来建房子的话，现在我们看到的或许只是清一色的灰建筑。

不仅在建筑设计本身，在其他方面他也勇于做第一个吃螃蟹的人。一次，潘石屹在记者招待会上决定将"定价权"交给客户。客户对潘石屹此举拍手称快，但同行强烈反对。定价权在市场中拥有很高的地位，为什么垄断企业的价格居高不下，就是因为定价权在他们手中。掌握了定价权也就掌握了主动权，是超额利润的保证。而潘石屹将定价权交给客户，也就意味着SOHO中国在房屋的出售上优势不再像以前那么明显，可能会被市场牵着鼻子走。

这种搬起石头砸自己脚的行为，潘石屹却认为将是大势所趋，只有这样的企业才有未来。2011年，发改委颁布"一房一价"政策，要求各开发商遵照执行。潘石屹接到消息后，立即拿出部分房子在网上竞拍，他将房子设在发改委规定的标准价位之间，具体价格由客户竞拍决定。虽然后来因为房屋不是标准化的产品，进展得并不顺利，最终停了下来，但潘石屹还是对网上售房的未来充满了信心。他甚至决定将SOHO所有销售和出租的房子都放到网上，以便让所有人都能方便地查找这些房屋的租售信息。不仅如此，他还准备将公司购地、购项目、采购单位的选择也都在网络上公布。潘石屹相信，这些举动将会像落地玻璃窗一样，在未来得到市场的认可。

拓展透析

在潘石屹的观念中，企业生产理想，市场不是由上帝、大自然或者各种经济力量所创造的，而是由工商界人士所创造的。在获得能够满足其需要的提供物之前，客户可能已经感知到企业能够满足他什么需求。但在工商业人士把这种潜在需要变成实际需求以前，它还仅仅是一种潜在需要。而且，只有在成功地将其转变成实际需求以后，才会出现顾客和市场。潜在顾客可能并没有感觉到自己的需要。在静电复印机或电子计算机出现以前，谁也想不到顾客需要一部复印机或者一台计算机。在企业采取创新、信贷、广告或推销等方法创造出需要以前，需要可能并不存在。

所以，企业家的任务就是把顾客心中有但无法满足的需求挖掘出来。这是一个发现新大陆的过程，它比挤破脑袋跟着千军万马抢独木桥高明得多。

那么企业如何挖掘并引导消费者需求呢？

1. 细分市场，定位客户群

消费者由于生活习惯、地理环境、经济条件等方面的差异，对消费品的要求也是不尽相同的。作为企业管理者，首先需要对消费者进行细分，找准产品的目标消费群以及目标消费群的消费心理，并要对他们的消费能力有所了解。

2. 崇尚创新，满足消费者不断变化的消费需求

消费者是永不满足的，因此，企业管理者不应满足于一件创新产品，即便它当下销路再好，也有被淘汰的一天。为了适应消费者不断变化的需求，企业管理者就需要不断创新。

3. 观念引导，激发消费者对某种产品的认同

作为企业管理者，如果单单满足消费者当下的需求，企业将永远处于被

动地位。为了引导市场，企业管理者就需要用某种理念引导消费者的行为。如将某种理念嫁接到产品中去。如强生婴儿纸尿裤在进行推广时，将"宝宝睡得香甜"这一理念嫁接到纸尿裤上，这样消费者在购买时就很容易产生这样的联想：强生婴儿纸尿裤可以让宝宝睡得香甜。

4. 行为引导，激发消费者的使用欲望

对消费者进行行为引导涉及产品的营销方法，这方面方法很多，比如通过广告、模拟消费等方式。对产品推广最主要的就是要为客户提供潜在的消费体验，引导消费。

对企业来说，不断地满足和引导消费者的需求是企业生产发展的终极需求。只有这样，企业才能在激烈的竞争中立于不败之地。

第二节　规划设计是最重要的

做事前，先要规划设计。

问：现在热炒的"中央居住区"真的适合人长期居住吗？不是曾有东润风景（建国门）的业主因为离电台的发射塔太近而得病的吗？我觉得像CBD那里适合办公和商业，居住还是不太适宜吧？

潘石屹：从我本人对城市规划的理解来看，就是一个好的城市规划不应该是把居住放在一个地方，把办公放在一个地方，把购物放在一个地方，把健身放在一个地方。这样的城市规划是一个不好的城市规划，使生活在这个城市里面的人非常辛苦，每天为了上下班来回奔波，为了购物来回奔波，生活在城市里面的人很辛苦，生活压力也很大，不论是交通还是环境的压力都很大。我的观点是要融合起来，把办公、居住、购物、健身融合起来，所以单纯提企业总部、总部基地，我认为是一种不好的做法。同样作为中央的居住区，也是不好的，就是从城市规划上来说是不好的。

关于城市规划，如果我们总是要做什么空间布局、地理位置、职能的划分，

第三篇 关键时刻之经营哲学
做液态的企业

那就一定在一个误区中,没有跳出来。任何空间的布局、职能的划分都是不自然的,都是人为强加给这个城市的。城市的发展应该自然而然地成长。

但我认为最最重要的还不是在材料、设备上,而是在前期的规划和设计上,当我们城市的规划不合理,例如,把一个区域单纯地规划成居住区,一个区域单独地规划成办公区,这就是一种不合理。每天人们花大量的时间奔波在这个城市,人被搞得筋疲力尽,同时造成了许多的交通拥挤、能源浪费。把每一平方米的房子,每一平方米的土地都充分地利用起来,这是最大的节能,解决的办法是城市和小区的规划;而采用节能的设备和采用节能的材料是能够看得到的节能,房地产发展商只要在前期的建设过程中花一点钱,可能对今后几十年、上百年的建筑都会产生非常好的节能效果。

如果有一种建筑,把办公和家居这两种方式都融合起来,将大大提高建筑和空间的利用率。好的规划应该在2~3平方公里内解决睡觉、居家、办公、购物、社交等一切问题,这样生活成本才更低,城市的负担才不会很重。

——潘石屹谈规划设计

背景分析

潘石屹认为建筑可以通过合理运用空间来缓解交通压力。他举例说,北京最容易堵车的地方在北京故宫和中南海东西两侧街道。这是因为故宫、中南海等占地面积非常大,况且又用围墙隔离开来。他设想说,如果故宫和中南海里面有几条道可以直接穿过去,东西两边的交通就会大大地改善,这样长安街的交通压力会减小。

潘石屹看到了围墙等在城市交通方面的弊端,因此他在建筑中致力于充分利用空间,朝外SOHO就是如此设计。朝外SOHO的外形是不规则的曲面,这样的建筑形式既可以保证每户家庭有自己独立的空间,也能将共同区域最大化。

值得一提的是,朝外SOHO并未用围墙与外界隔开,它是一个开放的建筑。步行街在各个建筑间穿插,贯通于整个场区,既可以保证建筑内部和外部便捷连接,又可以分散周边的交通流量。

关键时，
潘石屹说了什么

朝外SOHO的设计也十分注重对空间的合理有效分割。为了充分利用天空空间，设计师们别出心裁地设计了向天空敞开的步行街和内部小巷。宽阔的步行街和狭窄的小巷相互配合，令建筑本身既具备较强的功能性，同时也具有非常强的形式美感。

潘石屹认为，将办公区与住宅区分割开的城市规划理念实际上是一种落后的理念，甚至是错误的。他举纽约曼哈顿岛为例："它的公园大道最繁华的地方，下面有一个一个的小诊所，看牙的，看妇科的，看心脏的，里面是非常丰富的。还有学校，各种各样的学校；幼儿园，各种各样的幼儿园；医院，各种各样的医院。"这种设计令潘石屹十分欣赏。他认为，现代化的城市建筑只是一座座的楼，而楼下面的空间道路都应该是共同空间，这样才能尽可能地把空间利用起来。

因此，在人们习惯于将住宅区与办公区分开建筑时，潘石屹却强调"混合"概念，即一个楼盘包括一切和生活相关的建筑，而不仅仅只是居住的房子。本着这样的理念，设计师们在设计时努力打造一个生活区域，在这个区域内，不仅可以居住，还可以办公或教育，还有商业圈，争取做到不出小区就可以解决所有问题。

在潘石屹看来，融合才是出路，只有融合才能带来效率的提高，如果把城市按照功能分区，办公区一到晚上就黑灯瞎火，这个空间在晚上是最大的浪费，住宅区的白天也是同样如此。为此，他认为"如果有一种建筑，把办公和家居这两种方式都融合起来，将大大提高建筑和空间的利用率"。

潘石屹的规划设计还体现在节能设备的选择上，他认为："房地产商只要在前期的建设过程中多花一点钱，可能对今后几十年、上百年的建筑都会产生非常好的节能效果。"按照行业标准，房屋运用的材料应该先是大理石，然后是不锈钢。潘石屹却对此不以为然，他认为这些东西不应该是考虑的核心。比如，当北京市的开发商普遍使用传统的铸铁暖气时，SOHO建筑用的是欧洲流行的暖气。这种暖气跟北京普遍采用的铸铁暖气相比，拥有得天独到的优势。北京的铸铁暖气用三五年后就会出现漏水、生锈等问题，而暖气片一旦生锈又影响建筑美观，而SOHO中国采用的这种暖气则不会出现这样的问题。

第三篇 关键时刻之经营哲学
做液态的企业

潘石屹认为把每一平方米都充分利用起来才是开发商追求的目标，为此开发商前期所做的规划设计无疑是十分重要的。

拓展透析

规划设计做得好坏，常常是衡量开发商能否充分利用资源的重要指标。其实，不仅建筑需要规划设计，我们的事业也同样需要。对创业者来说，如果想要使自己的事业快速成长、壮大，提高客户的忠诚度，说服优秀员工与你一起承担风雨，那么，一份诉诸文字的事业计划书便可以让员工了解公司的文化和企业经营的理念，让顾客明白企业在发展过程中遇到问题拟出的解决方案，从而提高员工的归属感与消费者的忠诚度。

事业计划书是一份具有说服力的文件，能展现出企业具有足够的能力出售它的产品和服务，并获取令人满意的报酬及吸引支持者。应当说，一份完美的事业计划书是一份以销售为目的的文件，目的是让所有阅读到这份事业计划书的支持者和经营者感到兴奋与期待。这并不是说要在事业计划书里写一些夸大其词、自我吹捧的言论，你需要在计划书中加入一些确实的研究证据和经验来支持你的观点，增加说服力与可信度。

因此，在拟定事业计划书的过程中，你最好在心目中设定某个目标客户，这样一来，你的使命感可能就会比较强烈，所写出来的事业计划书也会比较有方向性、比较实际。读到这份事业计划书的人以及那些与公司有利益关系的个人或组织将认同你的观点与想法。

一旦决定了最适合公司的计划书类型之后，接着就是要将它组织起来。计划书的组织方式没有所谓的对或错，不过一般来说主要涵盖以下几个方面的内容：

1. 封面设计

精致的封面设计可以为整个计划书增色不少。在封面上，你需要打上公司的名称、地址、联系人姓名和电话。不仅如此，你还需要在封面上进行份数编号，并打上"绝密"等字眼，提醒读者，此计划书不可拷贝或传送。另外，如果公司产品在外观上也极具吸引力，你大可将产品的照片也一并贴上。

2. 目录要详细

目录要尽可能地做得详细，并附上每一部分的页数号码，以方便相关人员阅读。

3. 创业者的话

"创业者的话"是整个事业计划书的缩影。它不是一则摘要、简介、序言，或是随便拼凑出来的重点。

这部分内容可以说是事业计划书里所有内容中最关键的，多数读者在翻阅事业计划书时，为了对整个计划有一个概念，通常都会先从"创业者的话"读起。而这个部分也可以说是整个计划的心脏，值得多花点心力。

4. 公司状况

这个部分内容重点讲述的是公司的策略和内部的经营团队，在写作过程中，必须从公司的历史和现状角度来切入。要求语言简洁，尤其是公司的发展过程不可长篇大论。

5. 市场分析

市场分析要具有可信度，要求有理有据。比如：谁是潜在的买主？人数有多少？这个部分的重点是要辨识出有前景的客户，而且最好能估算出有多少人可以成为公司真正的客户。

6. 产品或服务

与其他部分相比较而言，这个部分是整个事业计划书中比较容易写的。因为大部分的经营者对他们自己的产品或服务的品质及效用都有很强烈的感受，所以也乐于将这些产品或服务的特点描述出来，而这个部分正是企业家可以充分发挥的地方。

7. 销售和促销方式

在这个部分里，必须说明销售的方式，是要由公司自己的销售人员来进行，还是通过制造商所派的代表，或者是要利用邮购的方式？产品或服务如何进行促销？是用广告，还是通过公关公司？

8. 财务管理

这部分是探讨一些棘手的财务相关问题，并须加入一些财务数字/预测。一般来说，有3种财务报表是必备的：现金流量表、损益表和资产负债表。

9. 附件内容

这个部分的重点是公司，主要的方向有企业策略和经营团队。在说明公司策略时，必须在"你所打算要做的事"以及"你要如何运用计划中其他的部分以得到支援"此二者之间保持逻辑的一贯性。

描述经营团队是这部分的重点，它的用意在于说明公司的管理者是否拥有足够的能力来执行策略。优秀的团队和一流的人才是吸引人的关键之处。如何表现出你的公司拥有一流的人才呢？管理者必须描述他们过去所拥有的丰功伟业。如果这些成就是在你的公司里创造出来的，那当然最好；如果是新雇用的经理人员，便要写出他们前任工作的成就。

另外，在这个部分，可以把一些没有特殊关联的资料汇集在一起，例如，总裁的资历、产品文献以及来自客户的赞美信函。

需要注意的是，完美的事业计划书是一项永远无法真正完成的工作。最好你能至少一年做一次事业计划书的审阅；如果能更频繁，当然更好。尤其是当市场在加速变化的时候，更需要这么做。

第三节　"密码正确"：产品就是一把钥匙开一把锁

设计需要也要有针对性，企业应把产品卖给真正需要的客户。

市场经济像一个"筛子"一样，筛出了不同等级的商品，也筛出了不同类型的客户，各取所需，自得其乐。SOHO现代城的设计也根据房子所处的位置，分成了"头等舱""商务舱""经济舱"。我们把SOHO现代城的最高几层设计为"头等舱"，花园面积加大，户型的面积也加大。当然，如果有"大人物"想包"专机"，我们也提供方便。

职业不同、年龄不同、家庭结构不同，对房子的要求也不同，比如一个艺术家和一个律师的家肯定会不一样。我们为此专门委托盖洛普调查公司，帮助我们完成了一份针对SOHO现代城的调查报告。设计和建筑时从人的行为出发、从人的需求出发，量体裁衣，建造出合"身"的房子。

我常常跟大家说，你的客户跟你的关系就像钥匙跟锁的关系，一把钥匙开一把锁。房子寻找"密码正确"的主人，主人寻找"密码正确"的房子，人人都在寻找着"密码正确"的邻居，寻找着"密码正确"的社区。

跟我们的价值观、审美情趣比较相同的人，一看我们的产品就会受到吸引，就会成为我们的顾客。所以我对我们销售员的要求是只需把产品介绍清楚就可以了，不需要过多用力。人的审美和需求各有不同，你的产品中的户型布局、材料特征、装修效果实际上都包含着密码。如果客人身上的密码跟你的密码对应了，锁就开了，他就是你的客户。他要不是你的客户，没有你的密码，任由销售员怎么跟他说，这是好房子，是豪宅，住进去肯定怎么怎么样，他也不会接受，就算买下了，入住以后也跟你闹别扭。

——潘石屹谈建房子也要量体裁衣

背景分析

潘石屹认为"市场和产品之间存在着密码是否正确的关系：密码正确了，你的产品就能卖出去，就能满足市场的需求；如果密码不正确，费再大的力气，市场也不会认可"。

社会是个集合体，在这个集合体中，每个人的需求都不尽相同，这也就决定了人们需要通过不同的渠道寻求满足。在潘石屹看来，商家所能做的就是找到其中的一部分，挖掘他们对生活的理想，提供具体的符合其理想的产品。

在这个过程中，商家的定位很重要，对产品有着清晰的定位才能吸引怀着相同"密码"的人。潘石屹说SOHO中国的建筑讲究的是简单、自然，这也只会吸引同样崇尚简单、自然的客户。

然而，要吸引这部分客户也并不容易。设计之初，客户对简单、自然的追求只是一个模糊的概念，作为地产商，SOHO中国需要做的事就是将简单、自然的风格做到极致，这样当产品出来后，这部分相同风格爱好者才会有眼前一亮的感觉，才会购买。

作为商家，重要的是分清自己的目标客户，有时候非目标客户的找碴儿你

第三篇 关键时刻之经营哲学
做液态的企业

不必全放在心上。在销售现代城的时候，就曾遇到"密码"不正确的客户"找麻烦"。人们通常观念上的豪宅就是要高端上档次，必然要有光滑的花岗岩以及玲珑剔透的水晶灯，可现代城打破了常规，将郊区常见的青石板用到了走廊处。潘石屹认为，现代人更强调绿色生活，与自然亲近，青石板等自然元素的使用可以在一定程度上满足人们这样的心理需求：人在高宅，如在山间。

建筑完成后，一些业主很喜欢，可也有一些客户表示这与自己心目中的豪宅相距甚远，要退房。入住后，一个老太太曾专门找到潘石屹，质问他是否明白豪宅概念，这个建筑名为豪宅，看上去却显得十分寒碜。对老太太的批评，潘石屹没有反驳。在他看来，自己的房屋诉求点是现代人，他们追求个性，有开放的心态，这和老太太所处的三四十年代的需求是不可相提并论的。也就是说，"设计产品的时候，核心就是提供需求的满足，当然这种需求在不同的时代有不同的特征"。

既然客户和产品是钥匙和锁的关系，也就意味着欣赏它的人，无须你多说，也会买你的产品。因此，潘石屹对销售人员的要求是"只需把产品介绍清楚就可以"。在他看来，作为企业，更需要关注的是未来人们的思想导向，即破解未来人身上的"密码"。

拓展透析

凡事都不要苛求得到所有人的掌声。对于刚刚起步的创业者来说，不管你的工作做得多好，产品有多么棒，也不可能得到所有人的认同。正如潘石屹所说，产品和客户就像钥匙和锁的关系。如果创业者非要顾及所有消费者的感受，期望得到所有人的认同，创业者将会感到无所适从。一件事情只要尽力去做了，并且让你最在乎的一部分人满意了，这就够了。

正如美国普利策奖获得者赫伯特·贝亚德·斯沃普所说："我无法给你成功的公式，但能给你失败的公式，它就是试图让每一个人都满意。"但是创业者在刚开始的时候往往容易犯这样的错误，他们希望自己的产品得到所有消费者的认可，甚至为了满足不同消费者的要求而反复完善和改变自己的产品。

在第二次世界大战之前，帕卡德曾是美国头号轿车品牌，其地位甚于凯迪拉克，是车主身份的一种象征，也是各国总统的首选车型，罗斯福总统当时最钟爱的就是这款车型。

一开始，它同劳斯莱斯一样，拒绝采用小汽车制造商们每年换一款车型的方针，并始终坚持自己的高品位路线。但是到了20世纪30年代，为了满足不同用户的需求，帕卡德公司推出一款价格较低的"帕卡德快马"型轿车，这款轿车成了帕卡德公司最成功的汽车，销路出乎意料的好。可惜，正是这一举措到头来毁了这家公司。因为它摧毁了帕卡德的高端名牌地位，从而毁了公司，最终该公司被其他公司收购。

让人人都满意是一个很多人都看不到的陷阱。一种产品若想让所有人都喜欢，最终只会落得个无人问津的下场。

很多企业在走到不可避免的结局之前，通常都会演3幕戏：第一幕是大成功、大突破、销售量极高。第二幕是为了贪婪和对无往不胜的向往，满足各类顾客的需求。第三幕才是大结局。

除了帕卡德，大众汽车的发展也经历了这样一个过程。起初大众公司把汽车定位在微型车上，"往小里想"的广告就毫不含糊地说明了它的定位，它的甲壳虫汽车在市场上有着非常稳固的地位。一开始，大众车给人的感觉就是讲究实际和实用。随着品牌的建立和客户的不同需求，大众提出了"不同的大众，服务不同的民众"的经营理念，把自己的可靠性和高质量的品牌定位延伸到生产个头更大、价格更高的汽车上。比如它的"冲刺者"的促销广告就是"大众自豪地进入了豪华轿车领域""冲刺者，优雅的大众""豪华的内部装潢，齐全的设施"。冲刺者冲击了大众原有用户的生活方式，于是有用户开始抱怨说："我信赖大众，大众却不信赖自己。"

伴随着大众推出的不同车型，大众车的销量并没有预期的那么好。大众自从设计了5种车型之后，从最初的头号进口品牌落到了第四。而超越它的本田因为"简单到底"的定位，正在上演第一幕的胜利狂欢。

对于创业者来说，寻找新领域的开拓是企业发展的必经之路，很多企业家也不想让自己的产品被固定在某个位置上，因为他们认为这样会限制其销售的方式或机会。他们最想做的就是无所不能，让人人都满意。

实际上，每个产品的特质决定了它与别的产品完全不同的客户群，强行转型是一件十分危险的事情。唯一能调和的方法就是，开发一项新概念或者一个拥有新地位的新产品，并且给它取一个与之相称的名字。这样做延伸的不是产品，而是产品背后的概念。

当然，"只要使一部分人满意就够了"并不是要创业者对不同的意见不加理会，而是在坚持自己的原则的同时，对不同的意见加以分析和判断，吸收那些对自己有益的意见，并对不妥的地方加以修改。只有这样，才能得到更多人的认同。也只有在坚持自己的原则的前提下兼收并蓄，最终的决定才更具有科学性和合理性。

第四节　社会化营销：大海捞客户

多元化的营销方式才能带来更广阔的市场。

中国有句俗语叫"大海捞针"，用来形容难以办到或者是根本办不到的事情。但在今天这个互联网时代，"大海捞针"有了实现的可能。无论商业模式如何改变，最本质的东西是改变不了的，这就是：适当的产品和服务提供给喜欢它、使用它的客户。在传统的信息条件下，如广告、推广、市场、营销等，这些传统的让商品和服务找到客户的过程，说白了，就如同"大海捞针"。现在，随着技术的发展以及人们对互联网认识和使用的深入，互联网和商业的结合有了实现的可能。

商业的瓶颈问题，利用互联网这个工具，就可以快速、方便地解决，这一点目前至少在理论上讲是行得通的。我们SOHO中国的房子有一些销售到了北京之外，甚至有一些销售到了中国之外，这些证明我们在传统的信息条件下把我们"大海"的范围扩大到了全世界，在全世界的"大海"里捞我们的客户。

互联网开始扎根于中国这块土地上了，互联网给我们房地产行业带来的影响就是：透明度提高了，所有的事情都公开了，腐败的、见不得人的事情少多了。比如在过去，一个城市里真实的地价是高度机密的，不是一般人能知道的，市场中的客户和商人只能够推测、打听，但也不能全面了解真实的情况，更多的人在这个市场中就像瞎子一样，凭着感觉去决策。

在营销渠道的选择顺序上，我们是网络、电视、广播、平面，最后才是活动，网络效率最高。今天的北京不光会把每一年交易土地的价格挂在网上，连政府土地交易了多大量，交易了什么位置的土地都写得明明白白，对任何人来说，只要他会上网，每个人获得信息的权利都是平等的，因为谁都可以去查询。

——潘石屹谈新媒体资源整合

背景分析

五六年前，SOHO中国决定今后再不花一分钱做广告，连在行业内有着很高关注度的《SOHO小报》也停刊了。现代社会酒香也怕巷子深，潘石屹却做出这一惊人之举：不再花钱做广告。这样一来，他的楼盘又怎能为外界所知呢？

原来被业内公认为最具创新意识的潘石屹把目光放到了发展势头猛烈的互联网上。他认为中国的房地产可以借助互联网来发展，近两年来他一直在思考与寻找新的突破口。2010年年底，SOHO中国做出了一个惊人的决定，取消所有的推广预算，和广告、纸媒说再见。"当时，我们觉得只有把传统纸质媒体关掉，才能一心一意地在互联网上寻找我们新的出路。当你的时间、精力都放在传统媒体上的时候，新的路子很难走出来。现在我们有了SOHO中国的微博，还有为客户服务的SOHO控微博，陆陆续续我们还会再出新的。"潘石屹如是说。

说到微博，就不得不提潘石屹的微博营销功力。他认为"企业和政府得跟在微博后面跑，追不上就要落后，就要吃亏，就要挨打"。潘石屹十分看重微博的力量，无论是睡觉前、开会时还是看书时，他总会随时随地发微博，与粉丝进行互动。这一举动一度不被妻子理解，说他不管公司运营，甘愿给新浪打工。那潘石屹果真在新浪微博上"玩物丧志"，不顾公司存亡了吗？事实远非如此，他这是在通过微博推广公司。也因为在微博上"辛勤耕耘"，他在微博上才得以收获了十分高的人气，粉丝量已达1600多万。

第三篇 关键时刻之经营哲学
做液态的企业

潘石屹很高明,他知道粉丝们对广告的反感,因此总是见缝插针地推广企业和项目。他经常借助媒体,捆绑热点问题,引得无数人心甘情愿地疯狂转播,每一次都能收到良好的效果。曾有网友称他发了一条微博,卖了十几套房子。

除了微博营销,潘石屹也十分注重搜索引擎营销。2006年5月,SOHO中国在百度上进行网络营销,没想到反响出人意料的好。潘石屹曾十分兴奋地说搜索引擎营销达到了四两拨千斤的效果,虽说投入很少的钱,却带来了高额的回报。在百度的"试水"成功让潘石屹更加坚定了对新媒体营销的信心。现在,只要百度一下SOHO中国,几乎没有什么负面和干扰信息,这说明潘石屹肯定派专人进行了搜索引擎的优化和维护。

不仅如此,潘石屹还拍起了电影,当然他也不会忘记适时地宣传自己的产品:"钱就是炸弹,所以老百姓们千万别留钱在手里,因为留钱就是留炸弹在手里呀。那该怎么办呢?把钱花掉。往哪里花呢?房地产,买房吧!"他在《拆弹专家》中如此呼吁消费者。

潘石屹很忙,每日悠游在各种媒体、网络平台前。他是个天生的销售员,哪种方式能将房子很快卖出去,并且节约广告费用,他就用哪个。

拓展透析

"酒香也怕巷子深",拥有最好的产品并不能保证企业走向成功。多数情况下,赢得顾客靠的是正确的营销策略,SOHO中国各个项目的畅销显然和潘石屹各种营销方式的组合使用是分不开的。

营销过程中,最常用的一种方式就是狂轰滥炸。逢年过节,脑白金的广告都是铺天盖地而来。你可以说它不好,但无可否认它成功了。对此,史玉柱曾说过一句比较经典的话:"中央电视台的很多广告,漂亮得让人记不住,我做广告的一个原则就是要让观众记得住。"对于广告营销来说,顾客记住才是硬道理。

还有一个很重要的营销方式被诸多企业采用,那就是"借"。正如犹太经济学家威廉·立格逊所说:"一切都是可以借的,可以借资金、借人才、借技术、借智慧。这个世界已经准备好了一切你所需要的资源，你所要做的仅仅是把它们收集起来，运用智慧把它们有机地结合起来。"

1．"借自己之势"

"借自己之势"就是充分发挥自己的优势，充分利用现有的资源。

众所周知，五粮液集团一连生了许多的"子孙"，如浏阳河、京酒等。这些酒在某种程度上混淆了消费者的视听：你说它不是五粮液，它却是五粮液酒业出品的；你说它是五粮液吧，它又叫"浏阳河""京酒"等。据说，这些酒卖得都挺不错。为什么呢？还不是借助了五粮液的品牌之势！

2．借"名人之名"

这就是要充分利用公众人物的社会影响力为自己做宣传。

百事可乐在与可口可乐的竞争中，其采用的名人效应起到了很大的作用。因为将年轻群体作为目标顾客群的百事可乐在每一次选择"名人"上都做了深入的研究。所以，很多消费者认为百事可乐的代言明星不仅要比可口可乐的多，且知名度更高，明星的口碑也更好。

3．优势结合、互造声势

企业与企业之间相互借势宣传、互造声势，也可以达到很好的营销效果。

1997年10月，可口可乐公司董事长罗伯特·戈伊苏埃塔不幸去世，世界各地的麦当劳快餐店全部下半旗志哀。1998年3月中旬，在阳光明媚的佛罗里达州的奥兰多，来自109个国家的1.8万名麦当劳员工欢聚一堂，召开他们两年一度的员工大会。在这个大会上，可口可乐公司新任董事长道格·艾佛斯亲临现场祝贺，并表示将给他最大的买主继续提供最优惠的支持。

如今，企业营销已经进入战略营销阶段，层次也进一步提高。面对日益激烈的市场竞争，即便是那些领先于市场，能够提高竞争门槛、创造差异价值的企业仍要小心：如今的市场环境变幻莫测，顾客掌握着越来越多的话语权。现代营销，攻心为上。只有那些能够及时洞悉市场变化，真正为顾客创造价值并令其倾心的企业才能立于不败之地。

guan jian shi, pan shi yi shuo le shen me

Article 04

第四篇

关键时刻之管理理念
高效的团队是制胜的法宝

第十章　不设防的管理才是好管理

第十一章　无为而治是一种境界

第十二章　有所为，有所不为

第十章
不设防的管理才是好管理

第一节　我只要结果

过程不重要，重要的是结果。

其实在1998年以前，我们用了各种各样的方法，销售业绩就是推不动。在实行末位淘汰制度后，同样还是这些人，但是销售成绩有很大的提升。所以从这点来说，制度确实给公司创造了价值。同时，我们也看到这个制度有很多负面的影响，缺乏对员工的关心和沟通，除了钱以外还有很多重要的东西，但我们坚信这种制度还是适合SOHO中国。

在末位淘汰制下，一种人被激发的是我只要争不是最后，一部分是我要做好，还有一部分是让别人做得不好，于是他一部分精力就用在其他方面了，比如抢单、诋毁等事情时有发生。但是到了赛季考核制，要求的是跟自己比，跟自己的目标比，别人怎么样跟我没关系，只要你达到了目标，就保留了赚钱的机会。所以赛季考核制改变了游戏规则。

要谈SOHO中国的用人，必须区别其公司的员工，SOHO中国的员工分为两类，一类是销售人员，由于常年在外，被看成是"外部人员"，其他的员工被称为公司的内部员工。SOHO中国员工的薪资水平在同行业中最高。

以30多位中高层管理人员为例，年收入最低的也有20万，通常在50万～60万，达到100万的也有。员工的收入主要由两部分组成，基本工资与考评工资。员工的考评以季度为单位，SOHO中国称之为"赛季"，每个赛季结束后，员工的考核分为A、B、C 3个等级，被评为A级的会得到加薪或晋升的奖励。

销售部设销售总监、销售副总监、高级销售代表、销售员4个级别。销售

第四篇 关键时刻之管理理念
高效的团队是制胜的法宝

员在销售部的岗位每个赛季都会有调整，包括销售员工的淘汰，每个赛季都会发生。

——潘石屹谈内部考核

背景分析

"我们的销售人员大概有100人，今年（2003年）的销售收入大概有33亿元，100个人创造了33亿元的销售额，这是全中国的销售冠军。全中国没有其他任何一个项目一年的销售额能够超过33亿元。"潘石屹提到自己的团队一年的战绩时，脸上难掩兴奋。SOHO中国如此辉煌的业绩让人咂舌，其实这和公司良好的管理制度是分不开的。

说到内部管理制度，即便是资深员工也不能说出个所以然。SOHO中国公司的墙上不像其他公司一样挂着员工准则，全公司对员工唯一的考核指标便是业绩。只要你的业绩达到标准，你的薪酬和职位就会有相应提升。

潘石屹从不过问公司员工是如何完成工作的，他要的只是结果。在他看来，过程不重要，所谓"条条大路通罗马"，不管你走哪条路，只要你在规定的时间内把任务完成了就行。

在SOHO中国，没有很多规章制度的束缚，看似工作环境轻松，其实却危机暗涌：公司内部有严格的考核制度，超额完成将给予奖励，达不到要求则会被惩罚。公司按照员工所属部门的不同，将员工分成几个等级。这些员工每一季度考核一次，根据员工在这一季度的表现情况，进行职位或工资的调整。因为这些考核每个季度一次，因此被称为赛季考核制。

SOHO中国在采用赛季考核制的同时，还采用了工资考核制度。对于SOHO中国的员工来说，很多时候他们并不能拿到全额工资。SOHO中国将工资分为5个等级，只有考评拿到A级的员工才能拿到全额工资，其余按照所在等级进行相应的扣除，最差一级的员工只能拿到30%的工资。

不过和惩罚相对应，SOHO中国的奖励也十分可观。有一次，潘石屹曾十分自豪地对公众宣称，他一年基本上有4000万的佣金要发出去，在SOHO中国的销售队伍中每年都有一批百万富翁产生。当然，SOHO中国的一系列奖惩制度都是为销售业绩服务的。SOHO中国员工的薪酬在同行业中最高，员工每年要完成的业绩也高。一次，潘石屹来到《非你莫属》的节目现场，当他说出销售总监一年要完成350亿元的销售额时，全场不禁一阵哗然。

在SOHO中国，员工需要努力的方向是，在公司站住脚。要想在公司站住脚，他们需要做的是努力提升自身业绩，因为老板要的只有结果。

拓展透析

潘石屹以结果论英雄是绩效考核的一种具体体现，绩效考核法因通过考核等管理手段促进绩效提高的优势，颇受管理者的青睐。然而，很多管理者对绩效考核并没有一个清晰的认识，对其他公司甚至是其他行业的绩效考核方式照搬照抄，从而导致了绩效考核效果不佳。那么，管理者在实行绩效考核的时候，应该注意哪些问题呢？

第一，绩效考核最核心的是绩效管理，绩效管理包括绩效计划、绩效计划执行、绩效考核、绩效反馈等几个方面，因此绩效考核首先应该制订一个切实可行的绩效计划。

第二，在绩效计划制订的过程中，加强与员工的沟通。这是了解员工工作上优缺点的过程，根据员工的业绩表现，管理者可以对员工的工作情况更加了解，同时在管理者和员工沟通的基础上制订出的绩效计划，更加符合实际。

第三，为达到考核严谨公正，绩效考核的内容要求清晰、完整。

第四，对员工考核时要实事求是、宽严适中。实事求是强调不能因员工的优点忽略其缺点，也不能因缺点遮掩其优点，同时，实事求是也强调管理者在考察过程中不应局限于某一点，而应放在整个阶段进行考察。

第五，考核过程和结果进行公示。公示可以让员工对考核过程清晰明了，在以后的工作中尽量避免考核过程中出现的问题。

第六，允许员工对考核结果进行申诉。当员工对考核不满意时，要了解是哪方面出了问题，如果是考核过程或者考核结果运用不当，管理者应当反省。如果是员工的问题，管理者则可以通过谈心等方式解除员工的心结，帮助他接受公司的考核标准。

总之，绩效考核不是一个简单的结果，而是各个环节相互作用、相互协调的结果。

第二节　不要求做的一定不能做

不以规矩，不能成方圆。

我想起了一句智者的忠告："不要让财富成为爱者与所爱之间的藩篱。"我们要谨记，不要让财富成为我们公司团结、协作精神的障碍。公司走到今天，能发展壮大，是我们公司特有的精神基因所决定的，各位亲爱的同事，我们在任何情况下都不能忘记诚实、团结和创新是我们公司成长的基本基因。

培训的时候一定要让他们知道我们要求他们做的是什么，不要求他们做的就一定不能做。一定不能做的是"说假话"。我们做房地产的，人家长期在这儿住着，有什么问题都来找你。你前面说了一句假话，我们后面的人说10句真话，付出10倍的努力都没有用。只要你说一句假话我就要收拾你。

——潘石屹谈员工该遵循的原则

背景分析

SOHO中国是一家以结果为目标的高效率公司，公司对员工的考核基于结果，即业绩。SOHO中国领导者一切向结果看齐的行事准则不代表员工可以"胡作非为"。对员工而言，公司不关注你的整个工作过程，但你在工作中需要遵守一些基本原则。这些原则概括起来有3点：合作、诚实、遵纪。

SOHO中国从之前实行的末位淘汰制到后来实行的赛季考核制，都是讲求如何将个人利润最大化。可即便如此，员工首先要遵循的原则是合作。在SOHO中国的员工行为准则里，"不与同事合作"被列为一般行为不当。上至部门经理下至销售人员，若谁违反这条原则都会受到相应处罚。潘石屹认为，

关键时，潘石屹说了什么

现在是社会化大分工时代，在讲求精细化的今天，合作显得尤为重要。同时，各部门合作才能迸发出智慧的火花，各项工作才能更好地开展。

除了合作，SOHO中国还很看重员工的诚实。潘石屹在给销售人员培训时都会强调"一定不能说假话"，这里的假话还包括大话。在他看来，销售人员将房屋夸得天花乱坠是没有用的，客户有自己的想法。对销售人员而言，他们需要做的工作就是把房屋的户型等细节用平实的语言讲清楚，耐心回答客户的问题。对财务人员，潘石屹更是将诚实提到了很高的地位。每次开会，他总强调一句话："不做一分钱假账，不偷漏一分钱税金。"

对SOHO中国全体员工来说，他们还需要遵循的一点是遵纪，这个纪律不仅包括法规也包括公司的内部制度。SOHO中国的内部纪律，概括起来有以下几点：避免利益冲突、信息保密、遵守知识产权、公平公正公开交易等。在SOHO中国，导购和签约需要不同的人来完成。销售人员的工作就是引导客户销售，到了签约阶段，销售人员必须通知市场部。任何销售人员私自和客户签约的行为，都是不被允许的。

拓展透析

"不以规矩不能成方圆"，潘石屹虽说对员工要求不多，但这3条原则已足够形成有效制约。企业的形象靠全体员工共同树立，因此在对员工的管理中，一定要坚持基本原则，从而形成企业习惯。企业经营中，如果企业没有统一的个性习惯，便无法适应市场和环境。因此，管理者务必做好将不同员工的不同个性融合为企业共同个性这项工作，从而用企业习惯来统揽和规范员工不同性格的走向。

作为企业领头羊的管理经营者，不应把眼光仅仅盯在报表的利润增减上，而应经常挪动双腿深入基层进行调研，了解员工，关心员工，帮助员工解决实际困难。同时，要求团队成员之间坦诚、真诚，相互支持、相互配合。唯有如此，才能营造出良好的团队管理氛围，激活员工的思维。经过数次反复后，就可以塑造出企业员工共同认可的企业习惯。

一家外资企业，由于第一任总经理平时不注重细节管理，员工们养成了一种惰性，纪律懒散，做事马虎。第二任总经理到任之后，很快就发现了问题，并尝试改变这种状况。了解人性、懂得管理规律的他没有期望用制度让员工改变，而是采用了一个更加人性和更需要耐心的好办法，那就是运用习惯的力量。

次日，他召集各部门负责人和保安队长开了一个短会。在会上他提出要求，要大家一起用足够长的时间，养成整齐穿着工衣的习惯，以形象习惯作为整顿的突破口。他说，只要保证每一位员工有一天都能够做到工衣干净、穿着整齐，员工纪律懒散和做事马虎的态度就将得到彻底纠正。说明了重要性之后，他和员工们约定了这件事情的规则：

1. 花3天时间，让各部门经理对所有下属包括保安进行说明和教育。

2. 由人力资源部找员工做模特拍一张标准着装照片，具体标明着装要领，并做成大幅"着装标准"张贴在公司工作区入口处。

3. 第四天开始，由保安部门派出保安员按公司要求对每一位员工的着装进行检查。发现与标准不符的情况，确认员工所属部门，并立即联系其部门领导直接到门口领人。保安员要注意文明执法，不与员工发生冲突，如有挑战规则者，可以记录名字，由公司给予严重警告处分（一种比较严厉的行政处分）。

在规则实行的初期，这位总经理每天早上会出现在现场，目的是保障文明执法，避免冲突和树立保安权威。该规则推行半年之后，员工们终于养成了良好的职业习惯。

作为管理者，一定要对企业习惯保持一种觉醒、一种分析的敏感性，如果不能从一种高境界来看待企业习惯，管理就会变得盲目。从这个意义上说，好的企业习惯就是一种生产力。

企业管理者应该努力塑造员工尽可能多的良性行为习惯，如追求效率、细致、主动、全局观念、创新、不怕犯错、勇于承担责任等。同时，很多工作化繁为简，上下级关系、员工关系就能化僵持为融洽，思想就能化苛求为宽容，许多制度也解决不了的问题也能迎刃而解，企业运营也会变得顺畅自然。

第三节　团结是最重要的时尚

只有大家团结了，我们的工作才有建设性。

问：潘总您认为您能够成功的特质和习惯是什么？您的成功经历中可以复制的是什么？是对成功经验的把握，是胆识，等等。

潘石屹：总结得很好，但是特别重要的一条没有总结到里面去，今天的社会任何人想成功，一定要把自己放低，我们任何一个人觉得你很能干、聪明，你比周围所有的人好，这个人一定成功不了，你想谁愿意和这样的人合作，就你能耐别人都不行？在今天的时代，任何人离开了周围人的合作，必然一事无成，甚至生活都不能自理，我们现在生活吃的、穿的、用的哪个不是别人给提供的？团结的精神、合作的精神，把自己放低，看重每一个人是成功的前提，你个人的能力比起团结合作的精神来说不重要，团结合作精神是21世纪一个人成功的基础。

我对服装行业不是很熟悉，但看到许多人为了同一件事情都在出主意、想办法，贡献自己的时间和力量，看得出这个行业是非常团结的，团结是一种最重要的时尚。

只有我们团结了，我们的力量才能够强大。尤其在今天的人类社会中，我们要和周围所有的人最大限度地合作和互惠，因为任何一个单独的人在这个社会中是无法生存的，所以人们之间的团结、联系就显得越来越重要。只有大家团结了，我们工作才有建设性，才能取得成就，我们大家的心情才能舒畅。互相憎恨会破坏一切的和谐、幸福和安宁，而在团结思想的引导下才能够创造出手足之情、友情和幸福。所以，在大家都追求和谐发展的社会中，"团结"这个古老的词应该成为我们这个时代新的时尚、新的精神。在今天如果没有团结，只有互相的争斗和激烈的竞争，将会给我们造成巨大的伤害。

——潘石屹谈团结

第四篇 关键时刻之管理理念
高效的团队是制胜的法宝

背景分析

2006年4月的一天,潘石屹参加了"国际时装周"活动,会上,颁奖嘉宾给他颁发了"最具时尚成功人士奖"。拿到这个奖后,潘石屹发表了《团结就是最重要的时尚》这一获奖感言。他认为时尚不能仅仅停留在流行的服饰上,更应渗透在人们的思想和言行中,而这所有品质中最重要的一点就是团结。

在潘石屹看来,一个人在人群中即便再闪耀,也会被黑暗吞噬。2008年,在给公司员工的新年贺信中他这样写道:"新的一年,我们会一起经历全世界前所未有的、最根本的、深刻的改变。对我们最大的挑战不是来自经济萧条和物质财富的减少,只要不浪费,不贪婪,经济萧条不会打垮我们;我们面临的真正挑战是我们过去所有的偏见、狭隘的忠诚和有限的团结,缺少诚实、缺少团结和正义才是我们面临的最大危机。"

其实早在2006年,潘石屹为了加强内部员工的团结,就已经让员工进行了培训。他认为,公司的发展和人生一样,都会遇到各种甜蜜的喜悦,也会遇到各种各样的不幸,"人生不如意事十之八九",一个公司真正强大起来,是在挺过暴风雨后。而只有公司全体员工团结起来,共同努力,才能帮助公司转危为安。

潘石屹认为要取得团结就要反对个人主义。个人主义、英雄主义等情节可能对某一时段的发展有利,但从长远来看,弊端会越来越明显。团结的最好状态就是将所有的才智充分地发挥出来,作为团结缔造者就需要营造一个良好的环境,在这个环境中,每个人的成就都会得到认可,没有人会觊觎别人的果实。

潘石屹不仅关注内部的团结,也致力于与同行保持良好的团结关系。2006年SOHO中国决定将一支销售团队派遣到阳光一百,协助他们的房屋销售。有人质疑这是否与SOHO中国暂时无项目可做有关,潘石屹说不仅是基于此,还在于这样可以学习阳光一百的销售经验,提高SOHO中国销售人员的实战水平。在他看来,这次将销售人员输入阳光一百只是合作的第一步,团结阳光一百,也是出于公司的长远发展考虑的。

拓展透析

团结是最重要的时尚，SOHO中国近些年取得的成就离不开团队的共同努力。如果企业内有着良好的工作气氛，员工们相处融洽，每个人都积极思索着如何提高自己的能力，掌握更多的技能，那么企业自然能够不断取得更大的成就。这样一支有很强凝聚力的团队，将使得企业的整体水平不断地提高。

团队凝聚力对于一个企业的生存发展有着举足轻重的作用，对于管理者来说，怎样才能提升团队凝聚力呢？以下7点建议可供参考：

1. 提升领导魅力。领导者是组织的核心。一个富有魅力和威望的领导者，会自然成为团队的核心与灵魂，全体成员会不自觉地团结在其周围。反之，则会人心涣散。一个团队是否能取得高绩效，很大程度上取决于管理者自身的人格、知识、胆略、才干、经验，取决于管理者自己能否严于律己，能否敬业、精业，能否与员工坦诚相待、荣辱与共等。

2. 科学地管理团队。建立一整套科学的制度，使管理工作和员工的行为制度化、规范化、程序化，是生产经营活动协调、有序、高效运行的重要保证。一个团队，如果缺乏有效的制度来规范，就会出现盲目和混乱，无法创出高绩效。

3. 促进团队成员间的交流。良好的沟通和协调可使团队成员通过信息和思想上的交流达到共同的认知。有效的沟通和协调能及时消除管理者与团队成员以及团队成员彼此之间的分歧、误会和成见。会议、谈心和私下交流是管理者常用的有效沟通形式。

4. 提供个人发展机会。如果一个团队无法让成员看到未来远景，是不可能得到人心的。马斯洛指出："团队要有畅通的升迁管理、公平公正的晋升制度，让成员了解到只要努力必定会有往上爬升的机会，这样才能有效激励团队成员，让他们定下心来在团队中努力工作。"

5. 重视对团队成员的培训教育。只要是人，其需求的层次就会不断提升。团队成员，尤其是能力较强、有潜力的团队成员，希望自己能够不断自我成长。要留住他们就必须提供机会给他们，最直接的方式就是重用他们，给他们教育及训练。倘若企业为团队成员提供的学习机会太少，甚至根本没有培训，团队成员很快就会失去工作的乐趣，凝聚力开始下降，因此，管理者要尽可能地为他们创造学习和培训的机会。

6. 尊重每一位团队成员。尊重的需要是人的较高层次的需要，在团队管理中，命令式的管理方式已经行不通了。人人都需要受到别人的尊重，所以，管理者要时时关心并尊重团队成员，重视他们的意见，采取人性管理的方式来管理团队。

许多团队的管理者都有一个通病，就是对成员不够关心。如果平时不关怀、不尊重团队成员，处处以命令的方式叫他们做事，则团队成员肯定会心有不甘，产生抵触情绪，甚至离开团队。反之，如果能够改变管理方式，重视团队成员，平时多关心他们，重视他们的表现，听听他们的心声，采纳他们好的意见，他们就会自动自发地参与团队的各项工作，积极配合其他人来完成任务。

7. 表彰业绩突出的成员。在美国密歇根州迪尔伯恩市，每年都会举行达美乐比萨大赛，比赛的内容是如何为顾客提供更好的服务。每次比赛将对获得成功的员工进行大张旗鼓的表扬，管理人员潜心评判和定期奖励表现突出、令顾客满意的行为，它所取得的效果可能比公司每月发放的奖金更令人难忘。这种比赛产生了效果显著的激励作用，每个员工都勤于工作，争做业绩最突出的员工。受益于此，达美乐公司每年总增长率高达75%。表彰业绩突出的成员，已经成了达美乐公司高速发展的秘诀。

第四节 末位淘汰是一流的管理制度

末位淘汰适应市场经济发展规律，能把一个人的主观能动性充分发挥出来。

问：末位淘汰制导致的人与人之间关系的竞争，是不是太残酷了？

潘石屹：计划经济时代，吃大锅饭，做什么事情都一起做，可谓大团结。但这种团结的后果就是生产效率低下，人人都有十分力，但人人都只使五分力。为什么？因为没有人与自己竞争啊。这种个人之间的团结导致整体效率的下滑。市场经济其实不止是末位，后10名、后20名的公司都被淘汰了。你说软件行业除了微软还剩下几家？这个不残酷吗？

末位淘汰制是什么？就是在市场竞争的前提下，把一个人的主观能动性充分调动起来。

北大的老师认为，这个制度太残酷了，在这个地方人们没有安全感。但是，我不认为这么做是错误的，我认为只有末位淘汰制才能把大家的积极性充分调动起来。实际上我们所取得的、让对手嫉妒得牙根痒痒的40亿元销售额的业绩，正是因为采取末位淘汰制获得的，这是别人做不到的。

问：您怎么评价红石的管理机制？

潘石屹：红石跟两年前比正规了。我们的指导思想比较明确，像销售人员就实行末位淘汰制，然后我们也把这种竞争机制引入施工、装修等方方面面。我觉得我们做得最成功的是工程管理，我们的施工单位（选拔）是无条件地优胜劣汰。我们得到的好处是一栋楼从挖土到建成只用了18个月，创下高层塔楼建设速度之最。装修也是这样，我们以前是14个装修公司干活，现在是10个。30层高的楼，每一个装修公司分几层做，做后由监理公司去考评，不行的末位淘汰，再补充新的公司进来。装修是很让人头疼的事，但我们处理得很简单，就是用建设部和监理单位的规范来衡量，施工到一半时衡量一下用材各方面的指标，最后再检查一次。两次结果出来，第一名发奖金奖励，最后一名淘汰掉。有意思的是，有一个公司第一次被评上第一名，高高兴兴的，到第二次的时候成了倒数第二名，差一点被淘汰，所以赶紧做好。这就是市场充分竞争的好处。这种方式既简单又好用。

——潘石屹谈末位淘汰制的效用

背景分析

在潘石屹眼中，每个人都是天才，但每个人的天才不尽相同，每个人只有在各自擅长的领域才能如鱼得水。他敞开大门欢迎销售天才的加入，而且认为

第四篇 关键时刻之管理理念
高效的团队是制胜的法宝

学历、户口、性别、面貌等因素只会限制人的创造力，因此SOHO中国销售员招聘并不在意这些条件。潘石屹对前来面试的应聘者只提出了一个要求，那就是认同公司的末位淘汰制。

他希望每个准备加入SOHO销售团队的人都能对此有个清醒的认识，因为他们永远只是公司的"临时工"，不知道干多久就会被淘汰掉。末位淘汰制是很残酷的，如果该员工是销售方面的天才，那么就会在SOHO中国的舞台上游刃有余，但如果相反，短则几月，长则一年，就会被迫离开。

末位淘汰制虽然十分残酷，但潘石屹认为此举可以大大提高工作效率，是一流的管理制度。他常用一个故事来阐释末位淘汰制的效用：一群人在草原上悠闲地行走着，这时候他们身后突然来了一头狮子，所有人都紧张地跑起来，原先悠闲散漫的场面被残酷激烈的情景取代。他们中的每一个人都在尽全力奔跑着，因为落到最后的就会被狮子吃掉。

物竞天择，适者生存，末位淘汰制可以帮助SOHO中国的销售人员在以后的职业道路中少走弯路。对公司而言，残酷的竞争过后留下来的都是精英。为鼓励这些优秀的员工，潘石屹给他们的佣金也相当可观。他曾自豪地表示："SOHO销售队伍中每年都有一批百万富翁产生，我一年基本上有4000万的佣金要发出去，这4000万发到每个人的口袋里的时候就不一样了。我一直向员工承诺，在末位淘汰制下，你付出了就必定有收获。"

末位淘汰制在销售上的成功让潘石屹尝到了甜头，很快他便将这个制度引入SOHO中国的方方面面。他说SOHO中国选的设计方案都是全世界顶尖的几十家公司花了几个月时间夜以继日地做的，可就在十几二十分钟内，绝大多数的方案都被否决掉。见到许多优秀的设计方案被淘汰了，他也心疼，可随即又表示只有这样才能出好东西。

除了设计招标，潘石屹认为末位淘汰运用在工程管理方面也可以收到良好的效果。许多家企业竞争，无条件地优胜劣汰，既能保证施工方达到甚至超过国家各项质检标准，又可以在施工方之间形成价格竞争，在价格上掌握主动权。

潘石屹说："玻璃塑钢原来只用了德国一家企业的产品，没有竞争机制，价格总也不让。所以又引进第二家，开始是我亲自谈，都是10块钱或5块钱地谈；后来又进来第三家，都是100元、50元地压价，局面立刻改变了。"他认为末位淘汰制简单又好用，以装修为例，施工到一半时衡量一下用材各方面的指标，完工后再系统检查一次。得到两次结果后，得第一的奖励，最后一名的淘汰。

事实证明，末位淘汰制是一流的管理制度，SOHO中国常常在销售榜上排名第一的业绩正是这种制度优越性最直观的反映。

拓展透析

潘石屹的末位淘汰制虽然残酷，却保证了公司员工能一直保持旺盛的战斗力。对企业而言，要提高公司的活力，在公司内部的用人机制上，需要遵循适者生存、不适者淘汰的原则，及时地裁减冗员，将那些不胜任工作的员工淘汰下去。这样，一方面减轻了企业的负担，另一方面也使留下来的精英时刻有一种危机感，也就是"今天工作不努力，明天努力找工作"的效果。

在一个企业内部，如果没有一种竞争的氛围，势必出现"堆出于岸，流必湍之；木秀于林，风必摧之"的情形。如此，优秀的人才必然掩藏自己的才华，以求自保，企业也必然安于现状，不思进取，最终输在外部竞争中，被甩到后面。为了增强企业的活力与竞争力，优秀的企业会在内部引进合理的竞争机制。

世界知名的企业，都有其成功的秘密法则，但它们有着一个共同的关于发展的成功法则，那就是：留下优秀的，淘汰差劲的。通过优胜劣汰的方法，他们把那些对公司发展并不能提供更多帮助的员工请出局，而对那些具有成功潜质的员工悉心培养。

当然，体制问题还有行业的性质导致每个企业的实际情况都不尽相同，再加上淘汰制也没有固定的模式，一个企业在实践中必须结合自身的实际情况和管理需求来贯彻这一管理理念。以下提供3种基本模式以供参考：

1. 考核淘汰制

这是利用考核评议结果作为淘汰标准的机制，这一机制公正、客观和有效，被绝大多数企业所采用。

创大公司在深化内部改革中建立了新的用人机制，全面实行员工自然淘汰制度。该制度共分5个层次、3个考核评议区，按百分制每半年进行一次量化考核，一年为一个考核周期，每次考核按3%左右的比例确定淘汰对象，并予以淘汰下岗。员工淘汰下岗后，由公司组织进行专门学习和培训，待具备上岗条件后再竞争上岗，优胜劣汰，弥补因淘汰下岗造成的缺员。

相关资料表明，正是由于创大公司采取了考评淘汰制度，第二年，其母公司经济效益取得历史性突破，一举扭转连续24年亏损的局面，实现了扭亏为盈。

2. 末位淘汰制

企业在采取这种淘汰制度时应当果断坚定，但必须保持公正。在进行末位淘汰时不能搞一刀切，若这样，倒霉的一定是最基层的员工。淘汰应分层次：部长、主任、主办等各个层级都应有人员合理地流动，这样才能激活整个组织。

实行末位淘汰制最重要的就是，要避免出现某些人将其个人行为变成组织行为。不然的话，淘汰出去的反而可能是人才。为了杜绝这种现象，就必须确保建立科学的考核体系和相对独立的监督反馈机制。通过这个体系，员工应该能有一个明确而稳定的预期：他有权知道也应当明确自己在什么情况下、怎样做才是正确的；而他这样做了，他的劳动权益就应受到保护。如果末位淘汰制完全不具备这种明确性、公开性和公正性，那就只会搞得人人自危，谁都不知道自己是不是处于末位，谁都不知道怎样做才不至于陷入末位陷阱，从而恶性竞争压制他人成长的行为也会迅速增长。这样，员工整体的工作安全感下降，压力增大，投机心理和愤怒情绪普遍看涨，就会起到完全相反的效果。

3. 知识老化型员工的淘汰机制

这种淘汰是基于知识管理的一个举措。随着社会的快速发展，知识不断更新，面对知识经济时代的挑战，很多员工在企业发展过程中，有可能因知识结构的老化而不适应时代或者是企业发展所需。针对这种情况，有关专家提出的知识老化型员工淘汰机制具有借鉴意义。

知识老化型员工淘汰机制属于知识奖惩机制的范畴，知识奖励机制还包括知识薪酬支付制度、知识股权期权制度、知识晋升制度、知识署名制度和知识培训制度等。专家们认为，知识老化型员工淘汰机制是针对不能实现企业知识管理目标的员工而建立的淘汰机制，通过建立知识老化型员工淘汰机制，可以从反面推进企业知识管理目标的实现。

第十一章
无为而治是一种境界

第一节　取消高压，催生自下而上的力量

顺应生活的力量，无为而治，才能把员工的积极性充分调动起来。

我对员工的管理基本是无为而治，我很少批评员工，很少给员工布置一个什么东西。因为公司里面最大的资本是人才的资本，而人才的资本是要让人才能够兴奋起来，有创造力，你把员工骂上一顿，他垂头丧气的，能有创造力吗？所以我觉得让员工在一个宽松的气氛下（工作）是最好的。所以我们公司这500多名员工，有人力资源部在管理，但当他们说要考勤的时候，我说千万别考勤，想什么时候来就什么时候来，把工作做好就行了。所以到现在为止，我们公司是不考勤的。

在对企业的管理中，我比较推崇无为而治。无为而治，本质上是取消来自上面的高压，催生自下而上的力量，爆发公司全面的活力。顺应生活的力量，是无为而治者的行事依据，是一个伟大的发现和总结，在历史上也创造了辉煌。许多年来，我就慢慢把这种思想转化成我的思想，发挥到公司里去了。

我认为公司最好的管理是把每一个员工的积极性、创造力和智慧激发出来，而不是被动地把他们作为一个简单的工具约束他们。有时候所激发出来的智慧和创造力，是他们自己都没有意识到的。

让公司所有的员工按照自己的意愿去做事情，这是非常关键的，千万不要干扰他，你别老觉得你是一个领导，你老干扰他。大方向制定了，让他们按自己的意愿去做事情就行了。

——潘石屹谈无为而治的效用

背景分析

有一次，潘石屹与几位客人闲谈，被问及如何看待公司的管理问题时，他这样答道："孔子讲，'治大国如烹小鲜'，就是说治理一个国家就跟做一条小鱼一样简单。北京的许多房地产发展商动不动就谈公司管理，但他们一个个都忙得焦头烂额的，见人就抱怨他们一天工作多少个小时，我看他们实际上都是烹小鲜如治大国。"

在机器大生产时代，人们工作的最大目标是产生效益。在这种情况下，企业领导者督促员工进行大量的生产，严格的管理制度会促使工人提高生产效率，以获得更大的财富。可进入21世纪，这种管理制度已经不适应现代化的生产要求。时代在变，一些领导者的观念没变。为驱使员工臣服于自己的管理，许多公司有不少规章制度。即便这样，一些领导者仍然不放心，经常亲临现场指挥，员工生产的每一个环节，他只有都参与才安心。

潘石屹认为，这样的老板是失败的。在这样的公司，员工每天提心吊胆，生怕某一环节出错受到领导的责骂，哪会有创造性可言。员工一旦忍受不了老板的高压就会辞职，老板虽说可以新招进员工，但新员工毕竟有一个适应的过程，这无疑会为公司的持续经营蒙上一层阴影。

就在潘石屹思考找寻管理之道时，在西安的一次经历为他指明了方向。潘石屹在西安时参观了汉代的陵墓，汉朝的强大从它众多的陪葬器皿中展露无遗。回味历史，他突然感到：正是文帝与景帝等人实行了无为而治，才带领汉代走向强大。群众的智慧是无穷的，文景二帝显然深谙其理。

潘石屹回来后决定放权："小到办公司，大到管理国家，如果能够尊重每个人的意愿，让每个人按照自己的意愿去做事，而不是把事情强加于人，这是最好的。任何规定你必须怎样做的条条框框都是最没有效率的，最压抑创造力的。"

为充分发挥员工的创造力，潘石屹实行了弹性工作制。他认为，打卡只是形式主义，迟到就迟到了，再如何追究也于事无补。有人会说打卡就是一种管理，可潘石屹却对这种方式不敢苟同。他认为管理的最终目标是实现员工的创造价值，如果员工的创造价值发挥不了，在管理上再怎么大费周章也是没有意义的。

拓展透析

员工是企业重要的组成部分，是企业价值的直接缔造者。正是看到了员工在创造产品中的重要性，潘石屹才会提出取消高压，放权给员工的观点。

然而，一些管理人员认为，授权给员工，让员工做决策将使企业变得混乱不堪，无法管理，而设立的规则和管理层越多，对员工进行的监督越全面，给他们"胡思乱想"的机会越少，越好控制局面，自己的决策才能贯彻下去。但是，任何领导者必须注意以下两点：

第一，任何企业都不可能100%地控制员工的工作。一定程度上讲，员工不得不使用自己的判断力。第二，全面控制员工的决策权只会产生最低效果。

因此，任何一名成功的领导者在管理中都必须遵循这样一个原则，那就是给自己的下属一定的决策权，并让其为之承担相应的责任。然而，放权也必须遵循章法，随随便便放权，只会让公司的管理陷入混乱中。那么，管理如何才能做到有效放权呢？

1. 慧眼识珠，找对你打算放权的人

首先，你要找的人应该是有着良好的人品，有能力，有担当的人。其次，尊重欲授权对象的意愿，如果你想授权的人并不愿意担当此项职责，考虑一个跃跃欲试的新手也未必是坏事。

2. 用人不疑，给被授权人充分的权力

如果你将权力授予某人，就一定要对他怀有充分的信心，对他所做的决定不要多加干涉。只要他能够按时完成任务，不违反法律，管理者大可不必出面指挥。

3. 人无完人，员工犯错不必苛责

被授权人不见得能够按时完成你的要求，遇到这种情况，你需要做的是找到事情的根源。如果被授权人基本完成要求，没有大的差错，你只需适时提点即可。不过，如果被授权人完成的工作量与你的预期差别太大，这时候就需要你反省了。如果你的工作量不算太高,就需要考虑换人了。

总之,授权是一门重要的领导艺术,同时也是领导者统御下属,提高组织绩效的重要途径。如何做一个好的领导,很有讲究。越是能释放影响力、能倾听、能帮助他人的企业领导者,越是受尊敬和具有效率。其实,领导者若能尊重他人,也就能建立信任感,而这样的信任感能够换来员工的忠心以及他在未来良好的工作表现。

第二节 管理者只做船上的舵手

> 以市场需求为导向,我只做船上的舵手。

我依然要做事,但只做一件事情,做船上的舵手,专注于及时、灵活地调整方向,不要像泰坦尼克号一样撞到冰山上,也不要搁浅,一定要顺势而为,抓住市场和经营最本质的东西。作为商人,最本质的就是这个社会上缺什么,我们就去做什么。所以大公司前面就要有一个灯塔,这个灯塔就是:市场需求。老板应该专心研究市场需求。

——潘石屹谈无为而治中领导者该担当何种角色

背景分析

在SOHO中国,潘石屹并不认识每一位员工。一次,他对前台小姐说:"这公司认识你的人比认识潘石屹的多。"这虽是句玩笑话,可也充分体现了无为而治管理模式下的公司状况。

潘石屹把主要时间花在外面的运营上,对内部人员不认识也是情理之中的事。对SOHO中国而言,他需要考虑的是如何让公司在市场上立足、如何让公司获得长久发展。因此,潘石屹主要负责销售、推广等方面。

妻子张欣曾说:"现在的潘石屹,管理公司的时间不会很多,基本是在为新浪打工，经常写微博。"从这话看来，潘石屹对公司的发展似乎很不负责任。其实不然，他玩微博，看似漫无目的，实则在为项目推广打基础。SOHO中国早在几年前就大幅削减广告开支，为了不影响销售效果，他把营销渠道搬到了网络上。有人指责潘石屹"不务正业"，他却说："你不懂。微博里蕴藏风云变幻的市场秘密。以微博为眼睛，你会看到一场以'互联网'为主题的变革；以微博为鼻子，你会嗅到市场发展趋势，找到未来投资方向。"

潘石屹现在考虑更多的是公司如何发展，朝哪个方向发展，以及在危机中如何脱险。他综合这些年的发展经验，最大的收获是，自己没把目光局限在一个城市，而是站在更高的位置上捕捉机会，这才获得了今天的成就。

拓展透析

领导者如何对待权力，反映了他的管理理念是进步还是落后。从潘石屹的管理方式中，我们了解到：管得越多不代表管得越好，真正优秀的管理者反而是"什么都不做"的人。然而，"什么都不做"也得讲究方法。那么，领导者如何在授权的过程中做到授中有控，运筹帷幄呢？

1. 牢牢掌握总目标

领导者授权的全部目的，就在于激励下属为实现总目标而分担更多的责任。现代的任何组织，无论是企业、商店、学校、机关、团体以及军事单位，都是一个多因素多层次的有机整体，整体与局部、整体与环境、局部与局部有着密切的联系，任何局部出现偏差都会妨碍整体领导目标的实现。领导者的根本任务是保证整体领导目标的实现。因此，授权以后的领导者就要把精力主要放在议大事、掌握全局上，时时综观全局的各个过程，及时掌握变化中的新情况，发现领导决策和执行中出现的偏差、矛盾和问题，并对可能出现的偏离目标的局部现象进行协调、纠正。

2. 做到放手不撒手

领导者的授权，是让下属分担责任，要放手让他们对各自职权范围内的事进行决策和处理，只有当下属无法协调或发生矛盾时，领导者才出面解决。但授权不是让权，授权以后领导者照样负有全部责任，不能撒手不管，放任自流。如果领导者授权是图省事、享清闲，自己当甩手掌柜，那就错了。领导者在其位，就要谋其政，行其权，负其责。

3. 对下属应多引导

下属有了职权之后，计划如何制订，工作如何安排，任务如何完成，派谁去完成，这些都是他们分内的事情，授权者不要再去过问。领导者要过问的是下属的目标能否如期或提前实现。领导者要善于发挥导向作用，根据形势的发展，为下属提供切合实际的观点、方法和措施。要多协商，少强制；多发问，少命令。领导者不要强迫下属做力所不能及的事情，而应该大力支持其工作。当他们在工作中出现失误时，领导者应善意地加以引导和启发，帮助其改正，绝不能多加指责。如果确实发现下属的工作有严重问题，领导者应马上采取措施，或派人接管，或把权力收回。

4. 建立严格的监督制度

放权不是放羊，为了保证放权后的工作质量，就需要强有力的监督制度。必要的监督、制约是一种对下属的爱护和关心，授权本身就带有监督的意味，上级授予下属一定的权力，使下属在一定的监督之下，有相当的自主权和行动权。授权者对于被授权者有指挥和监督之权，被授权者对授权者负有报告和完成任务的责任。

5. 建构好的企业文化

建构好的企业文化，用好的文化理念来统领员工的行为。企业既是军队、学校，又是家庭，提高自己的职业素养和综合性的素质能力，又能体会到大家庭的温暖。企业更具凝聚力、团队精神，能留住员工的心，使企业与员工能共同发展，共同进步，基业常青。

现代社会活动错综复杂，一个领导者即使有三头六臂，也不可能事必躬亲，独揽一切。一个高明的领导者，其高明之处就在于明确了下级必须承担的各项责任之后，授予其相应的权力，从而使每一个层次的人员都能司其职，尽其责。领导者除了做出必要的示范外，一般对下属无须太多干预，不宜事无大小一律过问。不干预下属决策的领导者，才能激发下属的工作热情，赢得下属的信任和支持。

第三节 扁平化的组织结构更能创造价值

端着架子的企业，创造不出价值。

问：红石公司和其他的房地产公司相比，在组织形态上还有哪些区别？

潘石屹：红石采取的是网络化的组织结构，任何人之间都可以直接接触。这种组织结构比较能够适应信息时代的变化。我这儿有全公司的电子邮箱的地址，可以和任何一个员工沟通，任何一个员工也都可以直接向我汇报。

在当今网络时代的背景下，当我们看到任何一个国家、任何一家公司的管理是扁平的，横向部门相对比较少的，它就符合了今天这个时代的要求，它的效率就会高，而那些沿袭了落后管理方式的公司，最终是会落后的，是会被淘汰的。

越是端着架子的企业，组织结构图越复杂，层级越多，这样的公司效率就很低，扯皮的事情也随着金字塔的层数呈几何级数增加，这样的公司创造不出价值。

今天，再让过去延续下来的层次和横向的部门去管理，显然落后了。这些层次和部门之间往往互相扯皮，耽误事，同时常常为了个人和部门的利益做出一些阻碍信息透明的事情，而这些做法又常常与总体管理的目标不一致，甚至相反。

——潘石屹谈扁平化组织结构的作用

背景分析

潘石屹认为只有扁平化的组织结构才能创造出价值。机会总是稍纵即逝的，如果是传统的组织结构，下面员工将信息反映到上面需要一段时日，而就在信息传递的过程中，它可能已不具备已有的价值。

传统组织结构的缺点不仅表现在信息的交流上，还体现在降低整个公司的运作效率上。市场总是瞬息万变，命令的一步一步下达就决定了这样的公司不能很快地对市场的变化做出反应，很容易错失机会或者遭遇风险。一旦遭遇风险，横向的部门间总是相互扯皮，及时迅速地找到责任人就显得尤其困难，而扁平化的组织结构就能很好地解决这些问题，SOHO中国正是其中的代表。

SOHO中国无疑是全国最受瞩目的房地产企业之一，它每年一两百亿的销售额堪称业内翘楚。更令人惊奇的是，SOHO中国组织结构简单、人员精干，这得益于公司组织结构的超扁平化。SOHO中国在董事长下设总裁一人，其下是3名副总裁，最后就是各部门。SOHO中国的结构看似包含4个层级，其实公司的任何两个人之间都可以自由联系。

"这样一种组织结构是比较适应信息时代的变化的。所以你看我这个E-mail清单，一般公司的一把手，E-mail清单可能只是部门经理以上，可我这儿有全公司的人，我可以给任何一个人发，任何一个人都可以向我汇报。"从潘石屹的话中，我们可以看出在SOHO中国员工之间上下级的界限并不明显，董事长不是高高在上的，而是走进了员工中间。

潘石屹认为，SOHO中国能取得如此大的成就，就在于定下一个项目后各个环节间设计的合理性。公司从拿地到卖房，没有过多的环节。"开发商把需求直接反映给规划师，规划师直接和设计师沟通，设计师直接和施工单位交流，施工单位把图纸变成房子，交给销售部门销售出去，然后变成钱。"他分析说，这几个步骤缺一不可，也无一多余。这样的环节设计，有一个很明显的优点：各个部门间相互交流，保证了信息的准确传递，而一旦出事也可以很快定位责任人。

拓展透析

越是端着架子的企业，越不能创造出价值。事实证明，扁平化的组织结构适合SOHO中国的发展，也更能创造价值。道理很简单：组织层级越多，组织就会越僵化，也就会延缓决策的进程。为什么会延缓决策的进程？因为根据信息传播规律，每传输一次，所传递的信息就会流失一半，而不正确的信息却在同步增加。通常，一个部门到另一个部门的信息流动会遇到障碍或者被歪曲。公司规模越大，人们分享信息、做出一致的决策和调整其优先业务的难度就越大。决策的速度变慢，执行力的优势就被削弱。好的组织结构一定更要让有效信息在组织内部畅通起来。

MCI电信公司前总裁麦高文每隔半年便召集新聘用的经理开一次会议，在会议上他总会说："我知道你们当中有些人从商学院毕业，而且已经开始在绘制组织机构一览表，还为各种工作程序撰写了指导手册。但我一旦发现谁这么干，就立即把他解雇。"

每次开会的时候，麦高文都会明确表达这样一种观点：每一位员工包括高级管理人员都不要为了工作而相互制造更多的工作。他鼓励每一个人对每个工作岗位及每个管理层次提出质疑，看看它是不是真的需要被设立。比如，两个管理层次是否可以合并？每个职务的价值是否超过它的费用？这个职位的存在是否是在制造不需要的工作，而不是对生产有益？如果回答为"是"，那就合并或精简它。

麦高文深深懂得一个道理，那就是公司每增加一个管理层，实际上就是把处在最底层的人员与处在最高层的人员之间的交流又人为地隔开了一层，所以MCI公司力求避免这种情况。由于精简了管理层次，MCI公司上上下下沟通畅捷、有效，每个人都在努力地做最有价值的工作，因而整个公司变得富有生气和积极性，公司的效率大大提高。

其实，不仅仅是MCI公司，其他一些管理完善、极富效率的优秀公司也都曾为此努力过，它们的特点大都是人员精干、管理层次少。比如，埃默森公司、斯伦贝谢公司、达纳公司的年营业额都在3亿～6亿美元，而每个公司总部的员工都不超过100人。这些公司都明白，只要安排得当，5个层次的管理当然要比15个层次的管理要好。

简化管理层次，鼓励人们减少不必要的工作，是优化管理的核心。管理层次减少表现为一种扁平化组织结构，这种结构具有更多的优越性，主要体现在以下4个方面：

1. 有利于决策和管理效率的提高

管理层次越少，高层领导和管理人员指导与沟通相对紧密，工作视野比较宽广、直观，容易把握市场经营机会，使管理决策快速准确。

2. 有利于组织体制精简高效

减少管理层次必然要精简机构，特别是一些不适应市场要求、能被计算机简化或替代的部门与岗位。

3. 有利于节约管理费用

管理层次减少，人员精简，加上发挥计算机辅助与替代功能，实现办公无纸化、信息传输与处理网络化，可以大幅减少办公费及其他管理费用。

4. 有利于管理人才的培养

组织层次减少，一般管理人员的业务权限和责任必然放大，可以调动下属的工作积极性、主动性和创造性，增强其使命感和责任感；也有利于培养下属独立自主开展工作的能力，造就一大批管理人才。

第四节　利用企业文化，让员工爆发活力

形成公司良好的文化环境，需要每一位同事的自律和创造。

在一个讲求无为而治的公司里，对员工的要求也非常高，尤其要求其具有自律性、创造性。但我们不能仅仅单方面向员工提出要求，必须努力形成公司良好的环境，有一个主题鲜明、细节丰富的企业文化。这种文化应激发他们追求精神的东西，激发他们学习、上进，激发他们建立良好的磋商型人际关系。

公司一直强调企业文化是"诚实、团结、创新"，这不仅是我们的企业文化，也是我们的精神财富。如果说为社会建设优秀的建筑作品是我们的物质追求目标，那么"诚实、团结、创新"是我们追求的精神品质。物质和精神的目标并不矛盾，而是互相促进的。在建设优秀建筑作品的过程中，培养我们的精神品质；反过来，我们精神品质的提高更有利于我们为社会建设出优秀的作品。这是我们同一目标的双重性。希望每位同事能天天提醒自己，在每一件工作中得到体现。

第四篇 关键时刻之管理理念
高效的团队是制胜的法宝

公司新的、调整后的组织架构已见雏形，但它还在探索中。它的背后是一种新精神，是新文化，是每个人精神的品质，是我们追求的体现。希望每个人都能在新的组织机构中释放出自己最大的潜能，让自己的精神品质和才能得到进一步提高。

——潘石屹谈无为而治中员工的重要性

背景分析

潘石屹认为作为企业管理者，要想达到无为而治，就需要员工的积极配合。为此，他特别强调员工的自律性和创造性。

SOHO中国对员工的管理方式非常放松、灵活，对员工平时的工作几乎撒手不管。潘石屹认为，只有不干涉员工的工作，才能让员工释放其最大的潜能。事实证明，SOHO中国的员工也不需要监督，他们都有自己明确的目标，因此整个公司的氛围都是积极向上的。

为了保证这种良好的氛围能够持续下去，潘石屹也会适时地提醒。2008年，由于美国次贷危机的影响，市场一度低迷，可就在这种环境下，SOHO中国600多名员工还是通过努力超额完成了任务。就在所有员工都欢天喜地时，潘石屹泼了盆冷水："在此，提醒SOHO中国的每位同事，切莫骄傲。骄傲是我们最大的敌人，一旦骄傲的种子在我们心头萌芽，我们就会犯错误，我们就已经走到失败的道路上。这是历史的经验，也是先知和智者们的忠告。"

随即，潘石屹又给员工吃了颗定心丸。他表示，不论市场如何不景气，SOHO中国也不会因此延缓任何一个合同的执行，或者将手头上的工程停掉。

为了给员工创造一个更好的工作环境，2010年，SOHO中国在广泛征求员工意见的基础上对组织结构进行了调整。潘石屹认为"智慧来自我们每天的具体工作及思考"，因此，他指出要为优秀的人提供一个舞台，使他们的能量得以充分发挥。

拓展透析

潘石屹在管理上面的成功之处就在于他看到了管理的终结是实现员工自我管理，因此，他致力于利用企业文化来达到无为而治。在他看来，真正的管理是帮助和引导员工实现自我管理，而不是要求员工完全按照已经全部设计好的方法和程序进行思考和行动。

这种让员工进行自我管理的观点运用到企业管理上，效果十分显著，可以帮助企业发展壮大。那么，如何让员工进行自我管理呢？以下这些管理方法，或许可以给管理者们提供些许借鉴。

1. 将员工教育列入公司战略发展规划

管理者应该把人员的全面职业培训和继续教育列入公司战略发展规划，并认真地加以实施。同时，要给员工这样的承诺：只要专心工作，人人都有晋升的机会。

2. 激发员工的学习愿望，引导员工进行自我激励

管理者要把相当的注意力放在激发员工的学习愿望、引导员工不断地进行自我激励上，指导他们一步步提升自己，从而为公司创造效益。

3. 营造良好的环境，让员工在工作中体会成就感

管理者要营造良好的环境，在这个环境中，各位员工能够自发地担负起自身的责任。同时，他们也能从创造性的工作中体会到成就感，与公司共同成长。

4. 先有人才，后有创意

对公司而言，先支持优秀的人才再支持"准成功"的创意更有价值。面对世界性的竞争，公司需拥有成功的经营人才。这种理念的前提就是，经过挑选的员工绝大部分都是优秀的，他们必须干练、灵活和全身心地投入工作。他们必须有良好的学历，积极发展自我的潜力。公司正是因为有了这些优秀的员工才能获得业绩和其他利益的增长。

总之，员工的自我约束力是最好的管理制度，是企业事半功倍的法宝。最有效并持续不断的控制是触发个人内在的自我控制，而不是强制。许多企业

在推行人本管理的过程中花费了大量的时间和精力，效果却不甚理想。为什么呢？就是没有紧紧抓住最为关键的那个部分——帮助和引导员工实现自我管理。因为，现代企业的员工有更强的自我意识，工作对他们来说不仅意味着生存，更重要的是，他们要在工作中实现自己的价值。企业管理者假如没有认识到这一点，那就无法赢得他的下属员工，他的企业同样无法获得成功。

第十二章
有所为，有所不为

第一节 做最好的产品

房地产老板要立志盖质量最好的房子。

问：你曾谈及对其业绩的看法，奠基的是SOHO现代城，扬名的是长城脚下的公社，而最成功的是建外SOHO。是否考虑过在未来的建筑项目开发中，将扬名与成功集一身而不必再由两个项目共同分享？

潘石屹：盖出好的房子，创造出好的建筑是最根本的。扬名和成功只是创造好建筑之后的附属产品，过分地追求扬名和成功，就会失去根本。

问：每次出险招你都显得很自信，但大家都知道房子这个商品的施工期长、环节多，难免出纰漏。你的自信是建立在什么基础上的呢？

潘石屹：最重要的还是产品本身。从设计到施工、监理、用材、验收、销售等，我们每处都严格把关。另外，我在土地上做事，无论是种庄稼还是盖房子，都感到踏实。我认为只要你肯付出，土地就一定会给你回报。看到全国各地不断地发生着桥塌、房子塌造成不少人员伤亡的悲剧，作为开发商深感责任重大。一个项目的建设涉及上百个合作伙伴、上千万工人的参与，但开发商是总负责人，无论出了什么事故，开发商都有不可推卸的责任。

当我们在日常生活中抱怨产品质量低劣时，我们能不能把自己所做的产品质量提高？靠假冒伪劣、粗制滥造、投机取巧，可以骗人一时，不可能骗人一世，最终要被市场法则淘汰。房地产老板要立志盖质量最好的房子。

SOHO中国所有的项目都是严格按照政府颁发的规范设计、建设，达到抗震烈度8度设防。

第四篇　关键时刻之管理理念
高效的团队是制胜的法宝

我们每天会接到客户电话、电子邮件等近百个。其中一半左右是一般的业务咨询，还有一半的90％是服务态度问题方面的投诉。总的来说，质量方面的投诉接连不断。房地产高潮时质量投诉会少一些，低潮时多一些。但是与过去5年、10年比，房子质量提高幅度还是很大的。当然，我们还要继续努力。

——潘石屹谈房屋质量是开发商无法推卸的责任

背景分析

2009年8月18日，"地产中国新思维论坛"在朝阳门SOHO样板间举行，会上潘石屹着重强调了房屋的质量问题。此前上海惊现一在建楼房倒塌事件，虽已过去一月有余，潘石屹谈到此事，内心仍不能平静："如果业主都住进去了，那死的就不是一个人。"

就在潘石屹有感而发，立志要盖质量最好的房子时，任志强当头泼了盆冷水。他声称该楼盘样板间有严重的质量问题：门把拧到一起，出入卫生间十分不便。潘石屹则笑着回应说，这样板间不多久就要拆了。即便如此，任志强仍旧不依不饶："等要拆了，你才发现房子质量问题？"

潘石屹对任志强的批评不置可否，可谁知任志强一语成谶。2012年，潘石屹信心满满地对公众说道："SOHO中国所有的项目都是严格按照政府颁发的规范设计、建设，达到抗震烈度8度设防。"根据国家规定，目前抗震规范中一共考虑6、7、8、9级设防和不设防，这就意味着SOHO中国的房屋在抗震方面走在了大多数开发商的前面。可现实跟潘石屹开了个玩笑，豪言壮语还未消散，朝外SOHO一楼板突坠水泥块的消息不胫而走。

一石激起千层浪，随后，有业主纷纷指责SOHO中国各个项目存在不同程度的质量问题，从一直持续的漏雨问题到玻璃爆裂事件，这不得不让人怀疑潘石屹关注房屋质量问题只是借机炒作。

面对质疑，潘石屹坦言，房屋质量问题确实一直存在，客户服务部有关质量方面的投诉电话也是接连不断。不过，他也很乐观地表示，与过去相比，房屋质量已经有大幅度的提高。

后来，事故原因查明是工人施工时失误导致，和房屋的结构无关。虽说心里的一块石头落了地，可这件事也给他敲响了警钟：质量问题是重中之重，马虎不得。

2012年年底，银峰SOHO（原望京SOHO）落成后，潘石屹专门给银峰SOHO的建设者们写了一封信，简单地表示感谢后，他就将矛头直指质量问题："当我们在日常生活中抱怨产品质量低劣时，我们能不能把自己所做的产品质量提高？"这一句话，与其说是潘石屹说给建设者们的，更确切地说是有种与君共勉的味道。

拓展透析

优秀的产品是企业成功的一半，过硬的质量是产品优秀的必要条件。著名质量管理专家朱兰先生语重心长地指出："21世纪是质量的世纪。"

如何才能保证产品质量，让顾客满意呢？这就需要管理者对产品实行零缺陷管理。实施零缺陷管理可采用以下步骤：

1. 建立推行零缺陷管理的组织。事情的推行都需要组织的保证，通过建立组织，可以动员和组织全体员工积极地投入零缺陷管理，提高他们参与管理的自觉性；也可以对每一个人的合理化建议进行统计分析，不断进行经验的交流等。公司的最高管理者要亲自参加，表明决心，做出表率；要任命相应的领导人，建立相应的制度；要教育和训练员工。

2. 确定零缺陷管理的目标。确定零缺陷小组（或个人）在一定时期内所要达到的具体要求，包括确定目标项目、评价标准和目标值。在实施过程中，采用各种形式，将小组完成任务的进展情况及时公布出来，注意心理影响。

3. 进行绩效评价。小组确定的目标是否达到，要由小组自己评议，为此应明确小组的职责与权限。

4. 建立相应的提案制度。直接工作人员对于不属于自己主观因素造成的错误的原因，如设备、工具、图纸等问题，可向组长指出，并提出建议，也可附上与此有关的改进方案。组长要同提案人一起进行研究和处理。

5. 建立表彰制度。零缺陷管理在人的管理方面表现为不是斥责错误者，而是表彰无缺点者；不是指出人们有多少缺点，而是告诉人们向无缺点的目标奋进。这就增强了职工消除缺点的信心和责任感。

零缺陷管理能够确保企业产品质量的稳定性，把零缺陷管理的哲学观念贯彻到企业中，使每一个员工都能掌握它的实质，树立不犯错误的决心，并积极地向上级提出建议，就必须有准备、有计划地付诸实施。

第二节 只顾数钱的人最终无钱可数

只要你为这个世界付出了，赚钱只是派生出来的事情。

我觉得作为现代的、完整的商人，不能光追求物质的东西，这跟一个国家只追求GDP、一个企业只追求利润、一个人只追求钱是一样的，我们也需要精神上的成长。

在别人看来企业就是要赚钱，功利性很强。但是太把赚钱当回事了，太急功近利地想着赚钱，钱就离你越来越远了。我们这一辈权益合法化后的企业家，同样需要从金钱的占有欲中超脱出来。说到底从金钱中超脱就是从各种欲望中超脱。你不能因为有钱，就任何欲望都去满足，就放纵你自己。

我们在发展自己的企业的同时，必须关注和推动经济制度的建设和健全，否则，只顾数钱，最终会没钱可数。金钱、财富作为社会最重要的资源，其保护和管理都蕴含着社会最大多数人的智慧和意见。而你，也必须积极参与磋商，最终要的是建立制度，完善环境。金钱身上的社会属性真是太明显和太强烈了，换一句话来说，你的钱最终还是社会的钱。你死了，钱不会赖在你身上不走。

实际上人都讲究一个出和进的平衡，只要你为这个社会付出了，有服务和产品了，社会给你的回报是自然而然的。

如果你能够全身心地投入到这块地上去，来把这个事情做好，做到尽善尽美，那之后第二位的事情就都是派生出来的事情。只要把事情做好了，自然就会有钱了。

——潘石屹的金钱观

关键时，
潘石屹说了什么

😊 背景分析

潘石屹小时候家庭条件十分不好，在整个青少年时代，都被缺钱问题纠缠，因此，他对财富有着极强的渴望，声称"不赚钱的商人是不道德的"。可就是这样一个人却在SOHO中国上市跻身百亿富豪行列后，把原本他和妻子张欣共有的60%股权全部转到妻子名下。外界对此十分疑惑，他则表示小时候家里没有电灯，远方的繁华和灯光最吸引他，而现在对他而言，他所追求的是内心的宁静。

潘石屹坦言最后一次金钱的刺激是在赚取人生的第一个100万的时候，此后钱在他心中演变成了一个符号。除了将股权全部转入夫人名下，他还干过一件事可以作为他的"金钱符号论"的佐证。潘石屹以前常因为某人借钱未还而耿耿于怀，最让他伤心的是，这些人借完钱后就再不与他联系。他为此痛苦地想了好多年，突然有一天他感到既然钱都不还了，自己何必还让此事牵绊着自己？想到这里，他拿出纸笔，在上面列出所有借款人的姓名以及借款金额。他望着这一长串的名单和大额数字，仔细看了一眼就付之一炬，同时将这件事从自己的记忆中抹去。

潘石屹认为赚钱是自然而然的事情，只要把事情做好，钱财自然滚滚而来，反之，钱则不会在你身上作过多停留。他认为人要有所敬畏，这种敬畏就包括诚实、关爱、负责任……简言之，就是要对得起自己的良心。2008年的三鹿三聚氰胺事件常常被潘石屹挂在嘴边，出事的企业曾经是明星企业，产品被授予免检产品、消费者信得过品牌等称号，可就是这样一家企业，却辜负了百姓的信任。更让人气愤的是一些所谓的专家竟然声称三聚氰胺等物质会随着粪便或者尿液排出体外，不会对人产生任何影响。潘石屹看到这样的话时，义愤填膺地反问：那些受伤害的大头娃娃又作何解释？

潘石屹坚信"一粒老鼠屎害了一锅汤"的说法，在他看来，不管牛奶桶有多大，都不可以有哪怕一粒老鼠屎。更让潘石屹感到心寒的是，市场上永远存在着"劣币驱逐良币"的现象，假冒伪劣产品不仅可以让昧着良心做事的企业获得不法利润，对本分做事的企业也是一种不公平。久而久之，那些本分的企

第四篇 关键时刻之管理理念
高效的团队是制胜的法宝

业要不就亏本倒闭，要不就会加入作假的行列，这对整个行业的发展是不利的。

潘石屹向来对公司作假行为格外重视。几年前，公司准备削减开支以获得最大的利润。在征集削减开支的建议时，IT部部门经理就提议说，用盗版软件既不会对企业运营产生影响，而且还可以节约一笔可观的钱财。潘石屹听到后大发雷霆，他点名批评了这个部门经理，并义正词严地说道："所有软件都使用正版的软件，是公司最基本的要求，是公司的底线，是任何人都不能违背的。公司如果欺骗客户和厂家，员工就可以欺骗公司，最终公司在欺骗的环境中，不仅无法取得精神的进步，物质的进步也是不可能的，这样公司的结局一定是破产和倒闭。"

在潘石屹看来，企业于自身发展过程中必须肩负起相应的社会责任，在追逐利益的同时，首先应该考虑自己的行为符不符合社会道德，只有这样钱财才会不请自来。

拓展透析

作为一个商人，追逐利润是无可厚非的，但是，如果只想着赚钱而牺牲了他人的利益，这就得不偿失了。潘石屹说过："要随时克制自己的欲望，或者从中超脱，这是保命仙丹。"真正的企业家在发展自己企业的同时，还应当肩负起一定的社会责任，若一味纵欲营私，只顾数钱，最终必将无钱可数。

经营公司，不能只想着赚钱，还应该顶得住来自各方的诱惑，讲究长远利益。能做到这一点的企业家有很多，格力电器股份有限公司董事长董明珠就是其中一位。作为"工业精神"的领跑者，董明珠认为自己就像《阿甘正传》中的阿甘一样，是一个孤独但坚定的领跑者。

2006年3月，在全国人代会上，董明珠提出要弘扬"工业精神"，并且提交了倡导这一精神的议案，她提出了两个方面的建议：一方面要在技术研发和自主创新方面多干实事、少说空话、长期作战；另一方面要关注消费者的根本需求，主动承担社会责任，用企业力量推动社会发展。

同时，她还提议设立"中国工业家"奖项，由国务院每年举办一次评选，专项奖励中国制造业具有独特精神内涵的企业及企业领导者，成就中国从制造业大国迈向强国的民族梦想。

很多人对董明珠的做法感到疑惑，一个做企业的人，努力把企业做好，让企业赚到钱就行了，没必要去参与这些"形而上"的东西。再说，那是全社会的问题，不是一个人就能解决的。在大家看来，董明珠这个人太不"实际"了。

与"工业精神"相对立的是不少企业家热情追捧的"商业精神"。改革开放以来，中国大部分企业都在用"商业精神"指导企业的发展方向，一切以赚钱为目的，完全抛弃了对社会负责任的精神。与这种"商业精神"不同，董明珠提出的"工业精神"是指少说空话、多干实事，全心全意关注消费者需求，用企业的社会责任来推动社会的发展。

有了这种"工业精神"，就可以把人的力量和智慧聚合起来，实现最大限度的自主创新，创立民族品牌，推动中国的制造业和经济向前发展，并与世界接轨。格力集团在这种精神的指导下，已经取得了巨大的成功，它正受到越来越多人的关注与赞誉。

2007年1月20日晚，"2006CCTV中国经济年度人物"评选结果揭晓，董明珠这位"工业精神"的提出者与倡导者，捧走了经济年度人物的桂冠。

十多年来，董明珠坚守"一个有责任的人，要敢于潮头勇担重任；一个有责任的企业，要有产业报国造福社会"的信念，将格力打造成拥有国内外四大生产基地的全球知名企业，使格力电器12年稳坐国内空调产销量、销售额、市场占有率冠军的宝座，2005年、2006年连续两年荣登世界空调销售冠军，为国家创造了65亿元的利税，缔造了家电行业的奇迹。

正如颁奖词所说的那样："十年磨一剑，她永不妥协，专注如一，用'中国制造'创造世界纪录。她让全球为东方明珠喝彩：'好产品，中国造。'"

对于真正的企业家来说，赚钱只是一项技能，最重要的是担负起对社会的责任与使命。马云曾说："创造钱的是生意人，有所为而有所不为的是商人，而为社会承担责任的才是企业家。"做企业如果急功近利，只图眼前利益，而不为长远打算，早晚会被更有风格和品德的竞争对手打败。

因此，真正的企业家应该具备如下特点：

首先，创办企业最重要的目的不是为一己私欲，而是主动承担社会责任，促进国家和社会的进步，富国强民。

第四篇 关键时刻之管理理念
高效的团队是制胜的法宝

其次，办企业应成为国家引进先进文明技术的先导，同时也是打开国民眼界、实现更高人生价值的平台。

再次，推进环保，办企业虽然能促进经济发展，但总是或多或少会透支社会资源，所以在环保方面，企业家应该承担更多的社会责任和公益责任。

最后，在国际领域代表一国的尊严，提升本国在国际上的地位，是企业家不容推辞的责任。

如果企业家一味不择手段地追求利润，为富不仁，其企业离垮掉也就不远了。企业生存需要赚钱，但更重要的是为社会创造价值，做一家高素质的企业。

第三节　与其躲躲藏藏，不如坦诚相待

坦诚是无往而不利的公关之道。

问：你每次大的营销举动都会引来业内激烈的反响，有一种议论说包括任志强、张宝全在内的一些人无意中都成了你的"托儿"。看来，你是深谙公关之道？

潘石屹：如果说我精于公关之道的话，我的做法就是面对媒体时有什么说什么，这是信息时代的要求。我的"道"就是坦诚，想做什么就把想法直接告诉大家，这是我认为最重要的一点。

我们希望有什么说什么，不怕你说错，关键是赋予每个人说话的权利。公众是有辨别能力的，不要把我们的受众看得那样无知。

在这个时代中，我们对许多事情都应该有一个新的定位，跟我们在工业时代思考问题的方法应该有所不同。对待媒体最重要的一个原则我认为是坦诚。你想什么事情你就说什么事情，你做了什么事情你就承认什么事情。只要你拿出足够的坦诚，媒体和社会公众就会理解你。如果你躲躲藏藏，反而会出现一发不可收拾的情况。

这个事件（现代城挖人事件），对我来说是个非常不利的事件。我们说是

关键时，潘石屹说了什么

"挖人事件"；媒体一般说是"跳槽事件"，这是比较中立的；被挖走的人也起了个名字，叫"起义"。这是我们在1999年遇到的最大的一件事，算是很大的打击了，原来他们想要挖走50多个人，后来真的挖走了23人。第二天呢，我就想出出气，和媒体说一说。

问：企业搞危机公关通常有很严格的程式，你好像没有什么一定之规的东西，怎么摆平某一件事的呢？比如说最近的"打人事件"。

潘石屹：这件事处理起来特别简单，走司法程序，说明真相。有些媒体不过是就着这个事制造噱头。

——潘石屹谈坦诚的重要性

背景分析

谈到潘石屹，有人可能会想到"地产明星"这类词汇，诚然，潘石屹的媒体营销策略让人不得不叹服，但在他自己看来，面对媒体和公众时只需要做到一点就可以无往而不利，那就是——坦诚。

潘石屹认为正是坦诚帮他渡过了一次又一次危机。1999年8月当他从珠穆朗玛峰回来时，听到一个震惊的消息：现代城的50多个销售人员集体跳槽。惊慌失措之余，他立即挨个给这50多个销售人员打电话，可结果对方要不关机要不不接，接了也是支支吾吾，总之结果就是一个——他们不干了。后来他才得知，曾经的合作伙伴，时任第一商城总顾问的邓智仁高薪来挖这50多个销售人员。潘石屹没想到，自己曾经的地产启蒙老师竟然会来拆台。他来不及多想，一定要在他们拿到钱之前尽可能地给这些人做思想工作。潘石屹一直忙碌到凌晨一点，这才得知部分人已经拿到了第一商城的一次性补贴及入职书。潘石屹带着留下来的人去吃肯德基，却得知邓智仁已经接那些变节的销售员去吃鱼翅了。

这件事对潘石屹的打击很大，他忙约上几个媒体朋友准备将此事公布于众。潘石屹的计划被他的媒体朋友阻止了，他们认为这不是件光彩的事，报道出来势必对SOHO中国名誉有损，况且只是走了23个销售员，对公司整体影响不大。潘石屹觉得有理，就放弃了公开此事的打算。

可事情并不像他想的那样简单。2005年8月23日下午，北京现代城数十位

第四篇 关键时刻之管理理念
高效的团队是制胜的法宝

员工在东环广场召开新闻发布会，他们向当日参加发布会的媒体散发了一份题为《我的权益决不放弃》的公开信，讲述了他们被现代城开除的经过。这些原现代城的销售员共有36人，他们向媒体披露，被现代城扣发佣金和本月工资合计200万元。一方面是这些员工凄苦诉说自己的"悲惨遭遇"，一方面是邓智仁领导的中国第一商城出面表示，他们已与这些被开除员工签订了一份协议，第一商城将会给予这些员工一次性18万～25万元不等的补偿，条件是他们在第一商城至少干半年销售。

潘石屹看到这则消息，知道这件事是躲不过了，他决定让外界知道事情真相。第二天，不少记者收到了现代城的传真，其中就有潘石屹写的："现代城的4个销售副总监被高薪挖跑了！"同时，现代城高层召开了记者会并发表了声明："本公司从未在任何场合表示过要没收被开除销售人员的工资。本公司认为，虽然原本公司的部分销售人员因违反公司的有关制度和规定，本公司已依据公司规定对有关人员予以开除处理，但在处理决定做出前，该部分被开除人员在本公司工作期间所应获得的工资报酬，本公司将依法向其支付。因此，根本就不存在被开除人员指责本公司扣发其工资的情况。"

声明过后，潘石屹并没有被愤怒冲昏了头脑。他表示对跳槽员工的做法也很理解：十几万、二十几万对房地产广告宣传来说是个小数目，可对这些走上工作岗位不久的人来说，却是个天文数字。潘石屹的信，与其说是对这些变节销售人员的指责，不如说是惋惜，以及对留下来员工的鼓励。

不过人情之外，潘石屹还是坚决按制度办事，他结清了这些销售人员的佣金，并做出开除的决定。同时，信中还对中国第一商城的行为作出严厉指责：现代城认为中国第一商城是在本公司开发建设的现代城6号楼对外准备公开发售之际，企图将现代城项目的全部销售人员挖走，并妄图以此种方式使现代城6号楼的销售工作无法继续进行。第一商城挖走这些员工后不仅给予正常的工资，还进行了高额现金补偿，第一商城的这些行为已经给现代城造成了严重的经济损失，并且产生了不良的信誉影响。

此信经媒体传出后，现代城的房屋销售并未受到影响，反而更加火爆。1999年年底，SOHO中国的销售额高达18.9亿元，潘石屹得意地告诉记者，这个数字可能比华远、万科、万通的总和还要多。同时，他对"现代城挖人事件"的妥善处理，使得事件成为逆转情势的危机公关案例，一度成为广告界的热点议题。潘石屹对此却只是淡淡一笑，并表示，其实转危为安的良方就藏在坦诚中，自己只是按方抓药罢了。

拓展透析

纸是包不住火的，问题出现后，比起遮掩，坦诚是更好的解决之道。现代城挖人事件发生后，人们一度猜测SOHO中国会受重创，可结果出人意料。可以说，正是潘石屹的坦诚挽救了企业。其实，世界上成功处理危机，挽救企业的不止SOHO中国一个。1982年9月，媒体曝出芝加哥地区有人服用泰诺药片中毒死亡的严重事故。刚开始被曝只有3人死亡，坏消息迅速传遍美国，大家都相互传说全美死亡人数高达几百人，强生公司陷入空前危机。

强生公司立即组织危机应对小组对所有药片进行检验，在全部近千万片药剂中，发现所有受污染的药片只源于一批药，总计不超过75片，并且全部在芝加哥地区，而最终的死亡人数也确定为7人。强生公司仍然按照公司制度中最高危机方案，即"在遇到危机时，公司应首先考虑公众和消费者利益"，不惜花巨资在最短时间内收回了所有的泰诺药片，并花数百万美元进行赔偿。

将公众和消费者利益放在最重要的位置，强生的这一做法获得了公众的认可和谅解，最终挽回了强生公司的信誉。

与强生公司不同的是，罗氏公司曾经在危机管理中错误频频，使企业陷入麻烦中。2003年2月，国内某重要报纸发表文章对达菲的不良反应进行质疑，并向当地公安机关举报。

与强生公司把公众利益放在首要位置相比，罗氏公司在危机管理中所走的每一步都是错棋。

第一步：拖延记者。面对记者的采访要求，罗氏公司把时间拼命往后拖延，从而错过将危机消灭在萌芽状态的最佳时机。

第二步：推脱责任。从危机爆发后罗氏公司接受记者采访的语言及媒体的新闻稿来看，该公司一直在转移注意力，推卸责任。

第三步：利益引诱。当媒体要求采访时，罗氏公司企图以利益换利益，竟然以投广告为诱饵。

第四步：威胁。在罗氏与媒体的沟通中，屡次出现"将保留追究其法律责任的权利"，企图吓退媒体。

第五步：利欲熏心。在危机发生后，罗氏公司不仅不反省产品本身质量和功效，反而为了经济利益继续生产。

在此次危机公关中，罗氏公司没表现出其一贯标榜的诚信。此次事件对罗氏公司的声誉是一个巨大的打击。和强生公司比起来，罗氏输的根本就在于没有将公众利益放在最重要的位置上。企业管理者应该明白，如果不能消除已经产生的负面影响，企业将会陷入更大的困境之中。

第四节　保护我们的是诚实

宁容千错，不容一骗。

从我下海到现在20多年的时间，再回过头来和海南岛的朋友坐在一起，和深圳的朋友坐在一起，我确实觉得有翻天覆地的变化。我上个星期还跟我的老朋友坐在一起，一起聊一聊。我们这些朋友一般是隔得比较远，好长时间不聊，聊的时候我有点惊呆了，我们看我们一起创业的时候，（有一些朋友）他们的关系比我们好，他们的聪明程度、受教育程度比我们好，他们自身的素质、智慧都比我们强得多，结果最后问一个人现在判了无期徒刑，问一个说是死了，连着问了五六个。实际上他们都犯了什么错误呢？就是说人在做事情的时候，不管是成功的道路还是人生的道路在往前走，我们一定要寻找一个最大的保护，能保护住我们，不要让我们犯更大的错误，不要让我们惨败。其实，这个保护就是诚实。就是说你如果离开了这个诚实的保护，你老想着去骗一下别人，最后这个结果都特别惨。所以在成功的道路上，人生的道路上，不管我们走得快也好慢也好，只要有诚实来保护我们，这个方向就不会错，就不会犯太大的错。

企业家一定要走正道，寻找诚实和正义的保护，比寻找一个大官的保护强得多，这是真正的保护。

——潘石屹谈商业中诚实的重要性

🌑 背景分析

　　潘石屹认为人不能撒谎，隐藏一个秘密需要制造一股比秘密更大的力量把它盖住，而纸包不住火，迟早会东窗事发。最大的安全就是遵纪守法，让自己活在阳光下。他举例说，一些同行跑去某地投资，可心里总是不放心，只有和当地的领导打好关系，他们才安下心来。潘石屹认为这大可不必，把安全寄托在一些领导身上，远没有诚实来得保险。

　　"技巧和管理经验固然重要，但这些东西都是附加的，最基础的东西还是诚实。你对你的合作伙伴是不是诚实，你和政府是不是诚实，比如有没有偷税漏税，我觉得这是一个基本的点。"潘石屹认为，企业的基本原则之一就是诚实，具体来说是不偷税漏税、不作假等。在公司，一贯笑容可掬的潘石屹和财务人员见面时总会正色告诫他们：不可有一分钱假账。

　　许多企业见到国家税务人员用"闻风丧胆"来形容，一点也不为过。SOHO中国在这方面表现得倒很坦然。潘石屹表示，SOHO中国虽然不算数一数二的大公司，但每年纳税在全国所有的同行中排在前列。潘石屹并不是不知道避税的门道，但他认为，在这方面，"还是不聪明为好"。在他眼中，现在中国市场环境好，只要稍微勤奋一点，挣的钱比挖空心思偷税漏税要高得多。

　　潘石屹不仅用诚实约束自己和公司员工，还这样要求合作伙伴。他对合作伙伴的要求可以用"苛刻"来形容。一些合作伙伴被查出存在作假现象时，潘石屹坚决要求终止与他们合作，这些作假的厂商却认为，只要工程质量合格，有些事何须在乎，但潘石屹在这件事上从来是一根筋。有一年，潘石屹接到投诉说，他们公司的变压器供应厂商——顺特电气设备公司存在严重的不诚信行为。潘石屹随后了解到，顺特公司因为在新疆项目中以铝线代替铜线被国家点名批评。铝线成本价比铜线少得多，但极易引起火灾。得知这种情况，他立即对外宣布与顺特电气设备公司解除合作关系。虽然顺特公司诚恳地表示这事是由于内部管理不善引起的，定会以此为戒，希望他能看在合作多年的分上，网开一面,可潘石屹坚持勿以恶小而为之,纵容小恶终会酿成大恶,身为房地产商,他必须为房屋的质量负责。

潘石屹的一根筋有时也会有"仁慈"的一面。在另一次例行检查的过程中,他查出一厂家在生产设备的过程中没有按照合同要求提供最高配置。他给该公司发了条短信,就准备将这个结果交给媒体。随后,该公司的董事长和总经理火速赶到了潘石屹的办公室。潘石屹原以为他们会和大多问题厂家一样推卸责任,可这位董事长道完歉后就把所有责任揽在了自己身上,并保证一定会在最短的时间内,将所有不达标的设备拆除,重新换上达标的新设备。潘石屹被这位董事长的诚实和勇于承担责任感动了,这才决定不起诉。

回忆这些年来创业的艰苦和守业的不易,潘石屹有感而发:"SOHO中国的发展离不开广大合作伙伴的支持。在过去,我们的绝大多数合作伙伴是诚实的,为SOHO中国项目建设付出了自己的辛劳和汗水。今后希望你们继续带上才华和智慧来参加我们的投标活动,但最需要带上的、必不可少的是诚实。"

拓展透析

信誉是树立品牌的关键点。在当今市场,从牙刷到理财服务,每样东西都已成为商品。由于产品、服务和技术如此易于模仿,企业信誉成为顾客购买取向的决定性依据。SOHO中国能够走到今天,就是因为诚实,讲信誉。

看过电视剧《大宅门》的人应该都知道北京同仁堂,这是一个难得的百年老店,也是中国医药界的一块金字招牌。同仁堂创建于清康熙八年,自1723年开始供奉御药,历经8代皇帝188年。在300多年的风雨历程中,历代同仁堂人始终恪守"炮制虽繁必不敢省人工,品味虽贵必不敢减物力"的古训,树立"修合无人见,存心有天知"的自律意识,造就了制药过程中兢兢业业、精益求精的严细精神,其产品以"配方独特、选料上乘、工艺精湛、疗效显著"而享誉海内外。

开业之初,同仁堂就十分重视药品质量,并且以严格的管理作为保证。1702年,创始人乐显扬的三子乐凤鸣在同仁堂药室的基础上开设了同仁堂药店,他不惜五易寒暑之功,苦钻医术,刻意精求丸散膏丹及各类型配方,分门汇集成书。乐凤鸣在该书的序言中提出"遵肘后，辨地产，炮制虽繁，必不敢省人工；品味虽贵，必不敢减物力"，为同仁堂制作药品建立起严格的选方、用药、配比及工艺规范，代代相传，培育了同仁堂良好的商誉。

300多年来，同仁堂为了保证药品质量，坚持严把选料关。除严格执行国家明确规定的上乘质量用药标准外，同仁堂对特殊药材还采用特殊办法以保证其上乘的品质。例如，制作乌鸡白凤丸的纯种乌鸡由北京市药材公司在无污染的北京郊区专门饲养，饲料、饮水都严格把关，一旦发现乌鸡的羽毛、骨肉稍有变种即予以淘汰。这种精心喂养的纯种乌鸡质地纯正、气味醇鲜，保证了乌鸡白凤丸的质量标准。

中成药是同仁堂的主要产品，为保证质量，除处方独特、选料上乘之外，严格精湛的工艺规程是十分必要的。如果炮制不依工艺规程，不能体现减毒或增效作用，或者由于人为的多种不良因素影响质量，不但会影响药效，甚至会危害患者的健康和生命安全。同仁堂生产的中成药，从购进原料到包装出厂有上百道工序，加工每种药物的每道工序都有严格的工艺要求，投料的数量必须精确，各种珍贵细料药物的投料误差控制在微克以下。例如犀角、天然牛黄、珍珠等要研为最细粉，除灭菌外，要符合规定的罗孔数，保证粉剂的细度，此外还要颜色均匀、无花线、无花斑、无杂质。

从最初的同仁堂药室、同仁堂药店到现在的北京同仁堂集团，经历了清王朝由强盛到衰弱、几次外敌入侵、军阀混战到新民主主义革命的历史沧桑，其所有制形式、企业性质、管理方式也都发生了根本性的变化，但同仁堂经历数代而不衰，在海内外信誉卓著，真可谓药业史上的一个奇迹。

企业卖的是信誉，而不仅仅是卖产品。消费者给予企业无任何企图的赞扬，有口皆碑，这就是美誉度。这种美誉度是无价的，是最可贵、最可靠的市场资源。

guan jian shi, pan shi yi shuo le shen me

Article 05

第五篇

关键时刻之品牌营销
不拘一格做品牌

第十三章　品牌是企业的灵魂
第十四章　表演只是商业需要
第十五章　社会责任是最好的品牌

第十三章
品牌是企业的灵魂

第一节　品牌是企业的制高点

那些做低端产品的开发商做不了高端产品，就如同生产夏利的厂家很难生产宝马一样。

品牌其实是一种符号，不断地在人们印象中强化这种符号，就是宣扬品牌。而现在房地产业界中最缺的是真实，许多发展商对自己的产品优势侃侃而谈，但真正能够实现的没有几个。因此只有发展商真正把自己设想的落实到位，品牌的建立才不是无稽之谈，才能持久，侃是侃不出品牌的。

在房地产开发的品种中，从经济适用房、住宅、公寓、写字楼，一直到商铺，不同的品种技术含量和开发难度完全不同，那些做低端产品的开发商做不了高端产品，就如同生产夏利的厂家很难生产宝马一样。

——潘石屹谈房地产企业品牌

 背景分析

品牌是一种无形资产，它往往可以给拥有者带来更多的财富。通过区别于其他行业的名称、标志、服务等，品牌企业常与品质相联系。事实证明，如果经济允许，在知名品牌和杂牌之间，消费者更倾向于选择知名品牌的产品，因为它意味着良好的质量、完善的售后服务。

有专业人士认为，"一个公司的核心竞争力主要集中在产品和品牌两方面"，品牌的重要性不言而喻。既然良好的品牌能给公司带来更大的利润空

第五篇 关键时刻之品牌营销
不拘一格做品牌

间,潘石屹便将思想延伸到建立房地产品牌上。

房地产不具备其他商品的流通性,因此它的目标客户群范围也局限于建筑所在地周围。对于这样一个特殊的行业,建立品牌是很困难的事情。但潘石屹认为一切价值大的产品都有建立品牌的需要,房地产只是由于产品属性的特殊性,品牌战略才一再被推迟。他坚信:品牌才是企业的制高点,房地产业也终将有自己的品牌。

品牌不是一个空洞的名称,它包含了名称、标志、宣传等一系列统一的形象,正是意识到这一点,潘石屹在创业之初就十分注重品牌的建设。他在股民证的印制上,就有意识地强调出规范、正式与不同点。

当时,国内企业的品牌意识十分薄弱,大多数企业没有股民证或者敷衍了事,相比之下,潘石屹的股民证就显得规范许多。他在怀柔创建公司后,苦于无股本金,曾打广告公开招股。他们公司的股权证用的纸张和人民币一样,尺幅稍大,还带有水印。为了方便股权转让,股权证背面是几个框,最下方还印有当时国家体改委关于股权证的规范意见。

建立品牌涉及很多因素,虽说品牌不是印几张制作精美规范的股民证就可以树立的,但有时,公司形象正是从这些小细节中体现出来的。

拓展透析

初创企业要想建立自己的品牌,除了做好产品和服务外,一定要沉下心,对品牌有长远的规划。在战略规划的指引下,将自己的品牌树立起来,让消费者产生信任感,从而带动企业的进一步发展。

在这儿需要强调品牌战略与公司战略、业务战略、职能战略的有机集合。产品战略、品牌战略、职能战略之间要高度相关,它们之间要经常进行相互协调。做好品牌的长远规划,要做到以下3点:

1. 耐心

有人问松下幸之助:"你觉得松下要多少年才能够真正成为世界品牌?"松下回答:"100年。"事实证明,松下没有花那么长时间。此人又问:"打造一个品牌最重要的是什么?"松下说了两个字:"耐心。"

中国的老字号恒源祥多年来一直禁止为恒源祥的某个产品做广告，它做的都是品牌广告，只为"恒源祥"3个字做广告。经销商总希望恒源祥的广告一打出去马上就有大量的人去购买，但这种立竿见影的局面没有出现。而恒源祥集团董事长刘瑞旗却顶住压力，坚持只为"恒源祥"做广告。

他曾说："做品牌是需要耐心的，必须将用于做广告的钱全部用于打造恒源祥的品牌。"于是，坚持只为"恒源祥"3个字做广告成为他一贯的品牌策略，恒源祥坚持不为旗下的各类产品做广告——做到这一点相当困难，因为恒源祥必须不断地说服经销商，同时还要对很多大牌的广告公司的建议视而不见。而刘瑞旗多年坚持的结果是，恒源祥品牌的知晓率在中国市场上达到93.9%。

在一项对世界100个最著名的品牌所进行的研究中，研究者发现其中有84个是花了超过50年的时间打造成功的。仅有16个品牌花了不到50年时间就成为世界品牌，而这些品牌中一种是由于产生了全新的技术变革，另外一种是由连锁经营模式的发展造就。由此可见，品牌的打造是需要耐心的。

2. 信誉

在20世纪90年代之前，海尔品牌在世界市场上名气并不是太响。但是，海尔掌门人张瑞敏一直孜孜不倦地追求将海尔创建为世界性名牌。为此，海尔从1990年开始采取了"先难后易"的出口战略：首先把目标瞄准用户需求水平最高也最为挑剔的欧美市场；然后居高临下进军东南亚国家，涉足美、日等国垄断的东南亚市场。

海尔坚信中国人一定能够创造中国的世界名牌，在国际市场上坚持打"海尔"牌，以产品的高质量在国际市场上树立了信誉。海尔在发展中不断对国际市场布局进行多元化的战略调整，既取得国内市场的稳步发展，又不断开拓国际市场。经过多年的国际市场布局，海尔终于获得了成功。

多年的付出，终于有了回报。由于海尔坚持创国际名牌、树立国际信誉，因此在国际客商中建立了良好信誉，在国际市场上逐步塑造出良好的品牌形象和企业形象。1998年11月27日，《金融时报》报道：亚太地区最具信用的公司里，中国海尔（Haier）排名第七，在电器、信息技术、电信行业中，海尔的信用名列第三。这充分证明，海尔品牌在国际市场上稳稳占据了领先地位，成为最具市场竞争力的国际大品牌之一。

3. 推广

做品牌是一个长期推广的过程，像开发市场一样，需要不断进行市场渗透，你要把别人头脑当中对你的品牌的印象不断加深扩大，然后打上深深的烙印，这个过程就是品牌的树立。

建立品牌形象不是仅仅通过某个具体的赛事，通过某个具体的活动来做的，特别是初创企业，由于是年轻化的品牌形象，创业者必须通过战略规划进行持续的品牌推广。

第二节　"只在油里生存"

专注高端者才更有优势。

问：很多年前听许洋介绍过您的商业哲学。您经常说商业要么是过冷，要么是过热，不断偏离它的正常价值。您所做的就是在其中寻找相应的机会。对照您这几年的商业操作，我发现您不会高价追地。2004年珠江会议时，住宅很火，而且后来还火了3年。但是这一两年，大家觉得潘总是不是踏空了？能不能跟我们说说您的投资哲学或者开发哲学？

潘石屹：还是要看得长一点。当我们把时间拉长后，就能知道哪些东西是泡沫，是给社会制造了多余的东西、浪费的东西、重复建设的东西，哪些是给社会提高价值的东西。所以我们公司的理念是给中国的老百姓、给中国的城市建好房子、建好建筑。

我们现代城一点也不担心（经济适用房）。因为我们不在一个层面上竞争。我打个比方，中国的房地产市场，不是清水一杯，它上面是油，下面是水。水的部分就是经济适用房，靠配给靠优惠靠减免，完全是计划经济那一套；上面的那部分就是油，它只有一个标准，就是钱，你有钱就来买房子，有多少钱就买多贵的房子。

关键时，潘石屹说了什么

至于我，我是一心浮在油里，尽量不让自己沉到水里去。也有朋友劝我，政府鼓励安居工程，你也做一些低档的房子吧。我说我不，我做的全是高档房。为什么呢？我就跟他们解释，我们都是在油里泡大的发展商，习惯了市场经济的游戏规则。以我们的角色定位和运作模式，只能在油里生存，一掉到水里，肯定会被淹死。

我相信，在这个杯子里，油肯定会越来越多。

——潘石屹谈建高档住房

背景分析

政府经济适用房政策的出台，曾经在北京房地产界掀起一阵讨论的热潮，经济适用房一推出，对房地产界的冲击是毋庸置疑的。于是，不少房地产商响应政府号召，大批兴建经济适用房，然而潘石屹对此无动于衷。

作为房地产商，SOHO中国对经济适用房的政策"漠不关心"，潘石屹甚至对外界表示，自己对经济适用房并不看好。"经济适用房从根本上来说是计划经济的东西。因为它的思路是控制成本，并且通过控制成本来控制价格。政府说了，成本加上3%，就是价格，这样就把价格这种市场机制中最敏感最精彩的东西给阉割掉了"。

潘石屹随后补充说，像经济适用房这类中低档住宅并不顺应时代的潮流，未来发展前景堪忧。首先，它面临来自二手房市场的压力。北京的二手房市场上大约有300万套房，现在苦于政府对二手房交易的各种条款限制，发展受阻。他通过分析预感到，未来的政府将会放开很多政策限制，比如税收政策、产权关系等政策，一旦这些政策放宽，那么二手房市场将会迎来前所未有的火爆势头，并可能引起短期房源供应充足的情况，到那时竞争相对激烈，价格势必会下降，这无疑会给开发经济适用房的房地产商以沉重打击。

其次，他担忧的是，政府即便不放开二手房市场的交易政策，住房政策也必将向中低收入者倾斜，关于这一点，香港和上海就是两个鲜明的例子。1997年，为保障中低收入者能够有所居，政府出资兴建了8.5万平方米的政府公房。而2005年，上海也相继推出了两个1000万平方米的中低档住宅。

第五篇　关键时刻之品牌营销
不拘一格做品牌

本来有条不紊的市场秩序，一定会被这类保障性住房破坏，中低档住宅价格走向低谷也是可以预见的。在这种情况下，房地产商为早日回笼资金，尽可能降低损失，只能以略高于成本甚至低于成本的价格将手中的住宅尽快出手。

在潘石屹眼中，土地是一种极其珍贵的资源，同样一块地，本来可以建高档住宅却偏要拿来建经济适用房，这是对土地资源的极大浪费。

潘石屹称自己做的全是高档住宅，不管从未来的战略层面还是从产品线本身来讲，SOHO中国没有想过也没有条件做中低档住宅。也正因为SOHO中国主攻高档产品，和经济适用房不在一个层面上，也不存在竞争，所以他才能在政府的这个政策面前表现得如此从容淡定。

拓展透析

与SOHO中国一样坚持走高端品牌的企业有许多，方太就是其中之一。在高端油烟机市场，方太一直占据领先地位。

在中国的各行各业，本土品牌占据高端市场的几乎微乎其微，而就在这鲜有的本土高端品牌中，方太占据了一席之地，厨电高端市场接近一半的利润被方太收归囊中。十几年来，方太已经成为高端品质、卓越的代名词。方太总裁茅忠群认为，只有注重高端的产品才更具竞争力。

方太的成功，为整个行业向高端化发展起到了拉动作用。厨电市场的不少企业定位高端，对此，茅忠群一点都不担心，他认为这些企业只是一时的跟风炒作，并未了解高端的真正含义："对于高端厨电需要有正确的理解，它绝不是简单的高价格，而是回归消费需求和产品创新本位，提供面向消费需求的持续高价值回报和高增值服务。"

对于厨电行业的高端如何定义，方太人这样理解："拥有核心前沿的技术，提供更好的产品和工艺，使产品具有前瞻性和设计感，配合最佳的服务体验，实现物超所值，这就是我们定义的高端厨电标准。"因此，高端绝不是高价格，而是对技术、服务的综合考量。方太致力于先进技术的支持，着眼于产品的研发，这才奠定了今天在厨电市场不可撼动的地位。

那么，如何将企业打造成高端品牌呢？

第一，树立高端战略。高端品牌的建立不是一蹴而就的，需要从源头上对公司的发展方向重新定位，向高端靠拢。

第二，重视企业整体运作。高端不是一个空洞的名词，它需要企业从运作模式上趋向高端，重视研发、生产和营销等的每一个环节。

第三，强化企业的时尚、科技内涵。高端产品常因最新的技术投入、引领时尚潮流备受人们喜爱，因此管理者应重视产品的深层次文化内涵的积累。

第四，完善产品线，重视产品的组合效应。

第五，对产品的促销方式有一个长期的规划，选择代言明星时，也需考虑此人的气质是否与公司品牌形象相契合。

打造高端品牌不是一蹴而就的，它需要管理者企业从产品到外在形象都要趋向高端规划。

第三节　把蔬菜卖成水果的价格

把蔬菜卖成水果的价格，产品影响力很重要。

品牌在不同的行业是不一样的，对不同的区域也是不一样的。房地产叫开发，别的行业叫制造。制造的过程可以重复，房地产开发很难重复，它不是流水线作业。第一个项目做完了，再重复一个项目肯定要失败。所以房地产这个行业有一个非常大的特点，它是一个创造性的工作。中国房地产市场发展还处在初级阶段，品牌效应尚未显现。看那些发展比较成熟，像中国香港、新加坡的开发商是有品牌的，如著名的香港和黄、香港长江实业、新加坡华向和新加坡远东等。

品牌是一个衍生物，不是最本质的东西。本质的东西还是你的产品和服务。人们信任你这个品牌是多年来对你的产品和服务质量的认可。你看苹果，哪需要打什么广告，别说广告，就连销售员都免了，大家直接就在网上抢购。

我们的房子一般设计完以后，价格比较贵，大概比周围的贵一点。所以任志强有一个比喻，把自己比喻成一个菜农，"我生产的都是绿色无污染的蔬菜，我

第五篇　关键时刻之品牌营销
不拘一格做品牌

死活卖不出去，要是交给潘石屹的话，这明明是蔬菜，他就说是水果，卖成水果的价格"。

SOHO中国一步步转向最高端的产品，形成了今天竞争少、利润高的局面。

——潘石屹谈品牌的作用

背景分析

潘石屹认为，要树立良好品牌，就必须有个清晰的定位。品牌定位是否准确也就决定了品牌是否能被消费者记住，是否能获得社会认同。品牌存在的意义就在于与众不同，一个好的品牌就能够将自己和其他竞争企业区别开来。意识到品牌的重要性，许多企业还对自己进行准确定位，借助各种手段、营销宣传推广自己的品牌。或许在广告的强势围攻后，企业的销售额会直线上升，但在潘石屹看来，这不是长久之计，真正打动消费者的是产品的不同之处。

品牌定位说来简单也不是易事。1999年，互联网兴起，潘石屹敏锐地感觉到未来将是互联网的时代。互联网可以实现快速的信息流通，联想到巨大的交通压力，潘石屹设想到将来在家办公也不是不可能。就在这时，和一位朋友聊天的过程中，他接触到SOHO这个理念。SOHO（Small Office Home Office）代表的自由弹性的工作方式，正好契合了他要打造居家、办公、购物、休闲四位一体建筑的设想，于是SOHO中国不久成立。

可品牌的推广并非一帆风顺，即便公司的员工也对这个名称大为不解。潘石屹为了让他们尽快理解，还专门写作一篇题为《SOHO现代城·居家办公·酷.com》的文章。2000年，SOHO中国又打出了"有点前位、有点另类"的广告来宣传现代城。"你准备好SOHO了吗？"的广告词几天时间便已被许多人熟知。现代城开盘后，场面异常火爆。

概念打出去了，潘石屹就加大设计创新投入，一步步将产品转为高端。2002年，SOHO中国准备上市时，高盛集团的一段话让他很是开心。高盛认为SOHO中国无土地储备、注重创新，能和路易威登、古驰等时尚品牌媲美。

任志强说潘石屹是精明的二道贩子，总能将蔬菜卖出水果的价格，而不可否认的是，正是SOHO中国建立起来的品牌形象帮助了它。

拓展透析

潘石屹能将蔬菜卖出水果的价格，就在于他将SOHO中国打造成了北京房地产的高端品牌。随着经济全球化的发展，品牌的全球化成为品牌发展的必然趋势。全球性品牌使分处于不同目标国家的消费者在消费上获得同样的保证。顶级企业的成功经验表明，全球性品牌有利于提升品牌的国际竞争力，加速企业的资本运营。

因此，创建全球性品牌是企业品牌发展壮大的一种必然选择，是迈向顶级企业的必经之路。根据顶级企业成熟的经验，创建全球性品牌需要注意以下几点：

1. 树立良好的国内品牌形象

顶级企业要创建全球性品牌首先要打好牢固的国内基础。这个基础不仅仅是指市场占有率，更是指良好的品牌形象基础。后者是品牌全球化的前提条件。因此，在品牌进入国际市场之前，首先要在国内塑造良好的品牌形象。

2. 抓住市场的缝隙

市场的缝隙就是那些消费者具有特殊要求而又未得到满足的细分市场。进入市场的缝隙，通常能获得超额利润，因为消费者乐于付高价来购买那些满足他们特殊需求的品牌。一旦在某个缝隙市场站稳脚跟，公司就更容易维持全球性品牌的地位，也为品牌的下一步发展奠定重要基础。

3. 以全球业务类型为重点

全球性品牌往往集中在全球业务类型上，而且一般不倾向于涉足太多的业务，否则品牌的全球地位就会有动摇的危险。全球竞争对手都努力避免使自己的品牌受到削弱，因为这样做最终会损害企业与消费者的关系。

4. 选择有价值的合作伙伴

进入目标国市场，由于制度、文化和贸易壁垒等多方面原因，企业往往需要与当地的企业合作开拓市场。选择合作伙伴时一定要慎重，所选择的合作伙伴必须与本企业的品牌相协调、相称，必须真正了解品牌价值并对其负责。有合作价值的合作伙伴可为品牌在目标国的发展提供一定的推动力。

第五篇　关键时刻之品牌营销
不拘一格做品牌

5. 维持全球统一的品牌定位

品牌定位是以特定的产品类别为基础的，以某一特定目标市场的消费者作为诉求对象。维持全球性统一的品牌定位可以始终如一地表达同一个信息，为目标国的消费者提供类似的消费价值。

6. 一切宣传都必须忠于品牌个性

全球性品牌必须有一个长期稳定的品牌个性（即品牌价值），否则会导致消费者对品牌的认知混乱。稳定清晰的品牌个性也是品牌得以发展的主要动力。企业的宣传、促销、研发等都必须忠实于品牌个性，而不能与品牌个性相脱离或对立。

7. 要有长期投资的计划

全球性品牌塑造不是一朝一夕就可以完成的，它需要大量的时间和投资。因此既要有短期目标也要有长期投资计划。也就是说，企业首先要考虑到产品质量、服务和短期利润，同时又要着眼于长远战略不断地推广品牌。

第四节　个人品牌比LOGO丰富

企业家是公司最好的代言人。

问：你们怎么看企业家越来越多地成为公众性人物，甚至成为企业家明星？

潘石屹：我们这个社会在转型，在原来的社会中不可能出现商业媒体，因为没有商业氛围。走向成熟的市场总会出现一些站在前面的人，比如说比房地产市场化早一点的家电行业，就出了像张瑞敏、倪润峰这样的人物，IT界则出了柳传志、王选。另外，个人品牌的出现可能是一种趋势。除了百年老店可口可乐代表人物是谁我们不知道，像微软、搜狐、联想都有代表人物，这些活生生的人比你设计的LOGO图像丰富多了。个人形象对每一个人来说都很重要，对企业的领导者来说尤为重要。尽管社会上最关注的是公司的产品，而不是公司的领导者本身，但领导者个人形象和公司形象之间还是有千丝万缕的联系。就拿我来说，我每天早上在家对着衣架所做的选择和到办公室后选择什么样的设计师、建筑材料，决定建筑什么样的项目是密切相关的。

商业注重品牌，因此，从商业角度说，无论对我们公司和产品还是我个人，我作为公司和产品的代言人都没有坏处。让社会监督，做成一个公司和产品活生生的代言人，我觉得没有什么坏处。

——潘石屹谈企业家个人品牌的重要性

背景分析

谈到地产界娱乐化程度最彻底的两人，一个是深圳万科的王石，另一个就是北京SOHO中国的潘石屹。王石经常为其他品牌代言，最典型的例子是2006年为中国移动的全球通代言，结果一度被认为是中国移动的老总。与王石不同，潘石屹的代言完全是为了自己的公司。他出书、拍电影、拍广告、做主持，SOHO中国可能不是中国最强大的房地产企业，却是知名度最高的企业之一。

一次，他和张欣忙着推出新楼盘，做了好几套策划推广方案，可效果不太理想。张欣看着潘石屹，半开玩笑地说，把他的脑袋借用一下。没几天，广告出来了，还真是只用了脑袋，脖子上面的是潘石屹，下面则是周星驰在电影《功夫》中的动作。没想到广告打出后效果非常好，本想像其他公司一样请专业的设计人员帮助公司设计企业识别系统的他，决定由自己亲自宣传。从此，潘石屹的身份便不再局限于地产商人。他写书、拍广告、拍电影，尝试各种玩法，每一次玩总会引来网友的一阵评论。

对他这种玩法，赞扬者有之，批评者也不乏其人。有人羡慕他的个人形象在一定程度上带动了公司的成功。有人指责他是"小燕子"，他则表示自己是"章子怡"。他认为自己已经基本娱乐化，随后他解释说，这就和一般对话节目是一样的，太严肃、太装模作样的东西，没几个人愿意去看。

老板作为企业的灵魂人物，一举一动都代表着企业，潘石屹认为将自己不停地曝光，也就相当于企业的曝光。SOHO中国在潘石屹个人形象的营销上尝到了甜头，据悉，2010年，在大幅削减广告支出的情况下，SOHO中国当年完成了销售额238亿元，延续了房地产界的销售神话。

第五篇　关键时刻之品牌营销
不拘一格做品牌

潘石屹在一次采访中表示，通过老百姓喜闻乐见的方式营销自己，不仅对个人形象，而且对公司的品牌也会有很大的提升。但同时这也要求企业家注意个人形象的维护，因为个人形象一旦遭到破坏，受到损伤的不仅是你自己，还有公司的形象。

因此，潘石屹谈到自己在个人形象管理方面的经验时，说千万不要随意说假话，否则很容易自毁形象。同时，他认为，要保持个人形象的连续性，穿着打扮、言谈举止、行事风格都要保持前后一致性。

拓展透析

潘石屹如此小心翼翼地维护个人形象，就是因为他意识到它的重要性。个人形象是一种无声的语言，很多人就是从你的形象中判断和推测你的品位、地位、修养和财富，然后选择对待你的方式。

改革开放时期，一大批农民企业家迅速崛起，陈志贵就是其中的一个。他以东北当地特产的优质大豆为原料，就地取材，创办了一家豆粉饼加工厂。陈志贵很有商业眼光，再加上经营有方，业务很快就做大了。

一天，陈志贵收到了一张来自香港的大订单。他立刻亲自带领工人连夜加班，终于在规定的时间内完工，将货物发往了香港。然而几天之后，陈志贵却接到退货通知，原因在于香港公司说货物"有质量问题"。陈志贵十分纳闷，自己的产品一向以质量过硬而赢得卓越信誉，况且，这批产品由自己亲自监工生产，怎么会出现质量问题呢？一定是其他环节出现了问题。陈志贵立即飞往香港去看个究竟。

当西装革履、风度翩翩的陈志贵出现在香港公司的总经理面前时，对方竟然惊讶地张大了嘴巴。

在之后两天的相处中，陈志贵不卑不亢、侃侃而谈，充分展现了一个现代企业家应有的气质和风度，最终不仅"质量问题"烟消云散，还和那位总经理成了好朋友，成为长期的商业伙伴。但是"质量问题"始终是陈志贵心中的一个疑团，因为他和对方谈的多是企业管理和人生修养方面的问题，根本没有提到什么质量问题。多年以后，陈志贵询问那位总经理才得知真正原因。

原来，这批货是香港公司的一个部门经理向陈志贵订的，但在向总经理汇报后，总经理得知这批货是由农民企业家加工生产时，脑海里凭空臆想出了一个土得掉渣的农民形象。他顾虑重重，对那批货看也不看，就做了退货的决定。而当形象良好、举止得体的陈志贵突然出现在他面前时，他才知道自己犯了个多么可笑的错误。

创业者本人就是产品的最佳品牌代言人，这也是改革特区深圳成立后，很多创业者租宝马奔驰去进行商业谈判的重要原因。试想，如果创业者骑个自行车去谈判，会是什么样的结果？因此，个人的形象是非常重要的。

创业者个人的兴衰成败也可以说是初创企业的兴衰成败，每一个成功企业的背后都会有一个成功的企业家。很多人可能在《赢在中国》栏目播出之前并不知道马云是谁，俞敏洪是谁……但是当他们在节目中亮相并以精彩的点评征服了观众，赢得了一大批粉丝之后，很多人也同时知道了马云的阿里巴巴，俞敏洪的新东方，他们的出镜相当于为他们的企业和产品做了一个可信赖的广告，加强了消费者对品牌的认同和好感。

事实上，利用创业者本人进行营销的方式在国外早已流行，比如微软的比尔·盖茨、肯德基的哈兰·山德士等企业领导人都有专业的形象设计和服务机构为他们做企业家形象营销。通过精心的设计和策划，在不同的场合，以不同的角色适时地推出自己，使自己成为人们瞩目的焦点，使自己的品牌形象和企业形象得到传播。

随着中国经济的发展，消费敏感度和媒体信息敏感度也越来越高，仅仅是把产品卖出去已经不够了，要卖得好，卖到别人心里，还要在别人的心里扎下根，开花结果，再落地生根，不断地维护和滋养才算是真正的成功！因此，作为创业者，一定要高度重视自己的品牌价值，通过个人形象的塑造和推广向公众传递企业价值，有效地抓住公众注意力。当消费者站在柜台前决定购买哪一个品牌的产品时，也许会因为突然想到某位创业者参加一次公益活动或公众亮相等热点事件而产生购买的冲动。

第十四章
表演只是商业需要

第一节 炒作即广告宣传

只要能推广产品，方式不重要。

如果非要说我善于"炒作"，我认为"炒作"其实就是广告宣传。如果非要说我善于"表演"，其实"表演"只是商业的需要。你不出去"表演"就没有人知道你，你的房子也就卖不出去了，这是很简单的道理。

我想任何一个优秀的企业和企业家，都应该有能力和社会的各个方面处理好关系，比如政府、自己的客户、媒体，把你需要表达的东西告诉大家。尤其是媒体至关重要，它是联系我们和社会、客户、公众的一个桥梁。所以我本人比较注重去表达、去沟通。至于别人怎么看，我不是很在意。

我对媒体一直心怀敬畏，再小的报纸，也有成千上万的读者，比你一个人挨个儿宣传省力多了。所以，只要可能，我都会尽量满足媒体的采访要求，像祥林嫂一样，一遍又一遍讲述自己的童年往事、创业史、人生观、世界观、财富观、地产观、艺术观、热门话题，等等。企业发展哪能离得开媒体，为了企业牺牲我一个好了，苦点儿、累点儿，不算什么，何况还可以苦中作乐。

当然我仍然会和媒体保持良好关系。因为开发商与他的房子就好比作家之于自己的作品，他应该站出来告诉大家为什么要做这样一个东西，它的特点究竟是什么。即使你自信它是一件好东西，但如果没有声音替它说话，它就不会取得成功。当然，媒体才真正是主动的，它们会选择潘石屹身上有什么值得评说和关注。

——潘石屹谈炒作

关键时，潘石屹说了什么

🔍 背景分析

2012年5月的一天，潘石屹正愁以何种方式推出望京SOHO，说来也巧，一个类似望京SOHO外形的楼盘进入了他的视野。不久他的微博便更新为"为了维护自己的合法权益，维护一个尊重知识产权的环境，我们决定，依法维权，和这个美全22世纪的开发商在法庭上见。"据悉，前几日夫人张欣在网上见到重庆一个叫"美全22世纪"的房地产项目，"从建筑设计到官网，以及广告宣传，都抄袭了望京SOHO"。潘石屹的微博发出后不久就引来无数粉丝的转载、评论。

有人认为，建筑的外形是艺术的原创，虽然美全22世纪确实存在抄袭嫌疑，但是真想到法庭上去证明是很困难的。有人补充道："认定一个建筑是否构成侵权过程相当复杂，一时很难下结论。"还有一些人觉得望京SOHO又没有申请外观专利，美全22世纪也没有直接用它们的施工图，这根本就是潘石屹、张欣夫妇为推广楼盘而进行的炒作行为。

一阵讨论过后，美全22世纪楼盘是否抄袭SOHO中国望京SOHO一事没了下文，和这形成鲜明对比的，是望京SOHO短期内取得了不错的销售业绩。潘石屹打广告了吗？没有，他没花一分广告钱就将产品推了出去。

在潘石屹的营销理念中，宣传永远是最重要的。销售收入虽然在SOHO中国的总收入中占举足轻重的地位，但在他看来，销售取得的成功绝大部分应该归功于前期的宣传，因此他十分看重媒体的力量。为了成功宣传自己的产品，潘石屹致力于与媒体打好关系，只要有人来采访，他总是尽可能地亲自接待。因此，只要打开电视，或者上网，很容易见到潘石屹的身影，招牌式的笑容加上应对自如的神侃，他调侃说自己就和祥林嫂一样。

这种祥林嫂似的讲述主要还是为了炒作，令人佩服的是，他总是能以一种观众不太反感的方式将广告打出去。

🔍 拓展透析

潘石屹显然十分善于利用媒体的力量。在信息化时代，每个企业都有可能为媒体所需要，每个企业都有可能需要媒体。有了媒体的理解和支持，企业和个人的品牌形象将扶摇直上；而一旦成为媒体的攻击对象，企业的生存和发展将受到极大的影响。

一个企业刚成立，恨不得让全城的人都知道，实现这个目的最有效的方式就是媒体的报道，但媒体不会去报道一个小企业创立的消息，除非这个企业有其特殊之处。

1. 不要敌视媒体

由于种种原因，媒体有可能对企业做出一些负面报道，但企业没有必要因此而恨媒体一辈子。不要因为某篇报道使你不舒服就威胁撤掉该报纸的广告，敌视媒体不是赢家的策略，因为媒体掌握着最终的话语权。

2. 制造有噱头的新闻

媒体因新闻而生，为新闻而活。追逐新闻，这是媒体永恒的冲动，追逐新闻的轰动效应，这是媒体不变的理想。有人躲避媒体，更多的人则希望受到媒体的青睐。你追逐媒体，媒体却冷落你。但如果你是一个新闻人物，或掌握很多新闻资源，或善于制造新闻，媒体就会追逐你。

企业如果希望引起媒体的关注，可以制造一些有噱头的新闻，当然，对于一家小企业，新闻必须是正面的，有积极影响的。

3. 回答媒体要简短

遇到越难回答的问题，你的答案就要越简短，这是首要的规则。记者的提问有时候是以假设为前提的，通常他们都是反向提问，你不要去证实他们的错误假设。

4. 从公众利益的角度出发

媒体的立场就是要保护和体现公众利益。比如说，在提到你的一个新产品的时候，不要重点讨论投资回报，而要从媒体角度来说，新产品会节省消费者很多时间、很多钱，而且能提高他们的生活质量。

商场上没有永远的敌人，也没有永远的朋友，创业者不可与媒体交恶，而是要与媒体搞好关系，实现双方的共赢。

第二节　不取分文，也要替人拍广告

换一种思路，替别人拍广告也能做品牌推广。

图的就是一个乐。我做事情从来都不会很刻意。产品好的话，如果赶上我心情好就拍一个，心情不好，就拒绝，没什么复杂的。要什么钱啊，人家觉得你不错，我也喜欢，做就做吧。而且，我又不是什么明星，也不值什么钱，只要不让我做马桶的形象代言人就行了。

我替别人拍的广告，对于我自己的产品也有直接的作用，每个广告（播出）后，房子就卖得快了，不管这个因素在其中占多大比例。我给IBM、索尼、LG、摩托罗拉做形象代言人，一方面他们让我出镜，可以推广个人形象。另一方面我可以和这些全球大公司的总裁一起吃饭、聊天、打猎、钓鱼，触摸他们的想法，了解他们公司的运作，大大开阔了自己的眼界和思维。

——潘石屹谈免费替人拍广告

背景分析

"'一千元改变命运'——2010幸福工程救助西部贫困母亲大型慈善盛典，期待您的参与。"2009年11月28日，潘石屹和其他几位明星为2010幸福工程慈善盛典拍摄公益广告。除了公益广告，他还代言了不少商业广告，比如早在2002年，他便接拍了一则啤酒广告。时隔十多年，潘石屹对广告词仍然记忆犹新："好的啤酒是2/3的啤酒加1/3的泡沫。"

其实论及活跃在广告界的地产商，首推万科创始人王石。王石2001年时为摩托罗拉代言之后，便时不时出现在公众的视线里。2006年王石成为中国移动全球通的代言人，广告播出后，收到强烈的反响，他也一度被网友误认为是中国移动的老总。

第五篇　关键时刻之品牌营销
不拘一格做品牌

潘石屹虽然在代言方面的名气不如王石大，但他几乎与王石同时开始商业代言。拍广告、做代言是个大好的赚钱机会，王石就曾坦然自己的代言费是7位数。与王石不同的是，潘石屹从来都是义务劳动，即便他拍的是商业广告。每每谈及此事，他只是淡然一笑，称是帮朋友忙，自己也不是明星，人家找自己帮忙，就是一件幸事。

做完啤酒广告的一年后，索尼公司邀请他做新款笔记本VAIO的代言人。索尼之所以请潘石屹做代言，是因为他"不一样"的理念与索尼公司勇于创新、追求突破的宗旨一致。这次代言是他印象中最正规的一次。看到索尼公司广告人手中厚厚的广告文案，以及摄影师们精心拍摄的500多张照片，潘石屹的佩服之意油然而生。

广告拍完后，索尼公司给潘石屹送来了几万元以及一些电脑产品。他看到钱就直接退回了，至今都不知道那是不是代言费。曾经有记者就此事询问索尼公司中国总部，但被对方以商业机密为由拒绝了。

随后潘石屹代言了LG的等离子电视。这次他依然十分配合拍摄工作，连连协助LG拍摄了多个版本的广告。LG公司对潘石屹的敬业精神十分认可，拍摄完成后，LG公司给了他大额广告费，却被一分不动地退回了。用他的话说，拍摄是在长城脚下的公社取景，间接地宣传了自己的项目，双方扯平了。虽然不收钱，对方也常会觉得过意不去，总会送些礼品表达谢意。广告拍完后，LG公司送了潘石屹两台等离子电视和两台大冰箱，又出钱让他去了韩国的济州岛旅游。

有人认为潘石屹拍广告最大的乐趣就是玩票，他自己对此也十分认同。不过虽然自己玩得开心，也间接地替项目做了宣传，但潘石屹内心仍有一些遗憾：没有机会为苹果代言。

潘石屹是乔布斯的忠实粉丝，虽说乔布斯去世后，他的一句"苹果公司应该推出1000元以下的手机，以怀念这位先驱者"的言论有炒作嫌疑，但是从另一方面也可以看出他对乔布斯的尊敬。潘石屹在一次访谈中透露自己最想代言的是苹果电脑，因为苹果强调简单纯净的白色与他的建外SOHO很相配，可对方偏偏没有相同的意愿。

虽怀有遗憾，潘石屹却表示只要有人来找自己拍广告，还是会提供无偿劳动，只要乐在其中就行。2013年"潘苹果"问世，可算是圆了潘石屹的苹果代言梦。11月28日，在题为"老潘倡导健康生活，亲力代言家乡苹果"的新闻发布会现场，甘肃天水市副市长王钧为潘石屹颁发聘书，此后，SOHO中国董事长正式成为天水苹果的公益代言人。

拓展透析

　　潘石屹不取分文替人拍广告，其实不亏反而赚了。他的这种做法实际上是一种借势——借其他品牌宣传SOHO中国，因为他本人就是SOHO中国最大的活招牌。

　　借势思维强调的是：作为弱者，寻找比自己更强大的一方，借助他们的实力与势力，使得自己能够摆脱弱小的地位，得到别人的关注与尊重，并实现作为弱小者无法实现的目标；作为强者，寻找自己的合作伙伴，互相借势，从而形成强强联合的局面，实现自己独自无法实现的目标。

　　作为弱者，运用借势思维，可以快速摆脱弱势地位；作为强者，运用借势思维，可以有效地整合资源，实现强强联合，提高资源利用率。企业家要善于运用借势思维，无论在战略决策上，还是在营销执行方面，借势都可以最大化地利用资源，以有限的投入获得超值的回报。

　　联想是中国计算机行业的翘楚，其领导者地位已很难撼动，探究联想发展的历程不难发现，联想在发展的各个阶段都运用了借势思维。从一个中国科学院计算机研究所下属的小公司成长为一个跨国集团，其成长的足迹，可概括为借势一小步，成功一大步。当然，近几年，联想最引人注目的借势行动是搭奥运会的顺风车和收购IBM的PC业务。

　　联想创立以来，借过中国科学院计算机所的势，借过商务贸易的势，甚至借过国际竞争对手的势。2008年8月，中国主办第28届国际奥林匹克运动会。这场全球最大规模的体育赛事举世瞩目。按照惯例，TOP计划（The Olympic Program的缩写，即奥林匹克全球合作伙伴计划）可容纳的企业只有10家左右。经过细致的战略谋划，联想于2004年3月26日正式与国际奥委会签约，成为奥林匹克全球合作伙伴，从而与可口可乐、斯沃琪钟表、通用汽车、松下电器、麦当劳、VISA等国际巨头并列为国际奥委会的全球合作伙伴。联想的奥运战略是典型的借势思维的表现。

根据国际奥委会的规定，其合作伙伴在全球范围内享有奥林匹克市场开发权，同时是奥运会、奥运会组委会、国际奥委会以及200多个国家和地区奥委会和奥运会代表团的官方赞助商。除此以外，从2005年1月1日起，大到联想发布会和零售店面，小到联想售出的机器和员工使用的名片，联想都可以打上奥运会标志，却无须追加广告投入。因此，联想成为奥林匹克全球合作伙伴，意味着这家刚刚开始国际化的中国企业一下子可以获得全球各国奥运组委会以及各国人民的信赖。这是联想进行全球宣传、品牌提升以及财富增长的绝佳机会——至少在品牌宣传声势上要压倒对手。2005年，联想花18.5亿美元收购了IBM在全球范围内的PC业务，这场借势收购策略在世界范围内引起了广泛讨论。

联想借势奥运，搭奥运的顺风车，使其品牌营销迅速国际化，而它收购IBM的PC业务，则是借势IBM的营销渠道和技术实力使其全球竞争力得以提高。从中我们可以看出，只有善于借势者，才能成功。

第三节　拒绝有时其实是一种责任

拒绝重复，拒绝盲从。

问：我是建筑学院的学生，是大一的新生，我想在五六年之后我们就是未来的建筑师，请问您认为我们这一代的建筑师将来应该具备什么样的素质？我们在大学这几年学习生活中应该主要培养什么才能更好地为社会做出自己的贡献？

潘石屹：去年《新周刊》搞了一个新锐奖的颁奖，我也是颁奖嘉宾。结果我跟孙勉在那坐着，过来一个朋友，我不知道他是哪里毕业的，坐在我们的旁边。然后孙勉问他是做什么工作的。他说他是清华建筑学院毕业的学生。孙勉给他说了一句话我觉得特别精辟，"就你们这些学生把中国城市建得都一模一样"。这句话我听了以后觉得挺有意思的，因为孙勉也不是学建筑的，他觉得清华毕业好多学生画的房子是一样的，把中国的城市搞得没有任何个性和特点了。

所以我觉得每一个城市要有每一个城市的特点，建筑师一定要有自己的东西，而不是拷贝别人的东西。如果现在网络发达得不得了，下载一个效果给别人建一样，最后都是一样的，这样这个城市的文化价值就会失去。

我们不想重复过去的辉煌，重复不仅没有出息，也让人疲惫。我们想超越，想创新，尽自己全力创造一个新的高度，于是我们邀请了世界上最看好的建筑师彼德·戴维森为我们设计了自然主义建筑风格的SOHO·尚都，用他的建筑语言诠释了自然界中简单与复杂的关系，无序和有序的辩证关系。

——潘石屹谈拒绝重复的必要性

背景分析

潘石屹经常替人拍商业广告，而且不取分文。可要是有建材商来找他拍广告，他的笑容立马会被严肃的面孔代替。LG请他代言等离子电视后，又想请他再次出马，担任旗下塑钢门窗的代言人，本以为潘石屹会愉快地答应，结果这次却遭到了义正词严的拒绝："身为一个中国房地产界有一定影响的人物，我不能为相关产业的产品做广告，以免在客户中产生误会，毕竟我们使用的建材全都是招标的。"

SOHO中国在合作商的选择上采用的是招标制：几家厂商同时竞争，哪家的东西好就和哪家签约，如果有合作商在其后的各项指标排名中位居末位，则会被无情地淘汰。潘石屹此番拒绝，就是出于此种考虑，他不愿因为代言某品牌的广告对自己的招标制度产生影响。在他看来，玩票也得有个度，如果自己代言的建材因为某种原因出事，那就不仅仅有损自己的名誉，连带着客户对自己建筑的配置也会产生怀疑。

他的拒绝还曾引起一点小小的误会。有次，某个品牌的马桶厂商请他代言自己的某款产品。他回绝后被指为怕马桶代言影响自己的形象。对此，潘石屹专门出面澄清说，拒绝的理由只有一个，马桶跟建材有关，而跟建材有关的产品自己都不会代言，不管是马桶还是塑钢门窗。

第五篇 关键时刻之品牌营销
不拘一格做品牌

此外，潘石屹也会对重复说不。他认为重复不仅没出息，也让人疲惫，自己既然有幸成为房地产商，就是要为业主的审美负责，为北京城市建筑的多样化负责，尽可能建造不一样的产品。

潘石屹认为每一个城市都要有一个城市的特色，每一个建筑也都要有自己的东西，这个东西是独一无二的，仅属于你自己的。他回想起有一年在《新周刊》新锐奖颁奖仪式上遇到的一幕，至今记忆犹新。潘石屹说自己作为颁奖嘉宾，和非建筑出身的孙勉并排坐着。这时过来一个建筑系毕业的学生，孙勉和他交谈几句后，就说："就你们这些学生把中国城市建得都一模一样。"孙勉的这句话不知道对那位学生触动多少，在潘石屹看来却是一次心灵的震撼。他事后经常玩味这句话，认为如果建筑业可以下载复制的话，那这个城市的价值又该从何处体现出来？

因此，潘石屹在建筑中强调"一个跟一个不一样"。为了达到这种效果，潘石屹请来的设计师都是来自世界各国。谈到自己的建筑作品，他是如数家珍："你看我们现代城是朱小弟设计的，他把建筑搞得花花绿绿的，他是清华毕业的。我们第二个项目是日本一个设计师设计的，他这个是没有颜色，就是白颜色，透明的。等我们做SOHO尚都的时候，是请澳大利亚建筑师设计的，没有一条线是直的，是黑的。在做朝外SOHO的时候是请韩国的建筑师，它又是一个独特的风格，像长城脚下的公社又不一样，因为我不喜欢重复，不喜欢简单的拷贝。这句话咱们说得不好都不要紧，最关键不要学着别人说，学着别人说有什么意义呢。"

总之，拒绝也是种责任。他拒绝代言建材产品的广告，拒绝重复，本质上是对自己负责，对自己的公司负责，对城市建设多样化负责，对业主负责。

拓展透析

从潘石屹的经历中可以得出这样的结论：如果某件事违背你的原则，请一定要拒绝。拒绝不是能力不强，而是负责任的表现。

2013年6月24日，业界传出奇虎360发布了一款名为"360新闻客户端"的应用。可随后不久，奇虎360就发布了取消该产品的消息。对此，360副总裁曲晓东表示，该产品不符合产品的发展方向。曲晓东说，360的主打产品是手机卫士和手机助手，目前不会大范围涉足其他领域，因此暂时也不会大量投入这些不符合公司发展要求的产品。

奇虎360遇到的问题并不是个例。对于公司来说，会有不少来自产品的诱惑，在这时候就需要适时的拒绝。因为尽管每个产品都很有前景，但不一定符合公司的发展要求，耗时耗力不见得会取得好的效果。

面对诱惑，管理者应该注意哪些呢？

1. 面对其他领域的诱惑

对于企业来讲，最忌讳的是涉足多个领域，摊子铺得太大。与其这样分散精力，不如把时间集中在自己的主打产品上，将主打产品做大做强，同样能占据市场。

2. 面对规模的诱惑

每个企业都有自己最佳的规模，只有适合自己的才是好的，管理者不应盲目地求大。

拒绝是管理者必备的能力之一，如果管理者不能做到这一点，将会使管理工作陷入无限的纠缠之中，这无论是对管理者自身的发展，还是对企业组织的发展，都是极其不利的。优秀的管理者清晰自己的目标在何处，在面对不合时宜的目标时，总会适时地加以拒绝，这样也就保证了企业在发展的过程中少走弯路。

第四节　内刊不给自己做广告

贴近群众，不做广告，群众也会关注你。

现在几乎所有的开发企业都热衷做内刊，但是很多做得太死了，问题出在两个方面。一是说的都是企业一个小圈子的事，视线太窄；二是自己给自己做广告，让读者很厌烦。因为现在的人都很忙，只要看你的刊物就是对你的最大肯

第五篇　关键时刻之品牌营销
不拘一格做品牌

定，所以就不要贪图太多了。我们自己最早也走过一些弯路，但现在已经找到了一种商业传播和大众阅读的平衡。从这本内刊（指《SOHO小报》）里，你会发现它并没有固定、明确的目的，每期都变换一个话题，带给人们的是多样化的思考，是不同的文化方式，这种非固定的模式也就带来了生机和活力。

我们要改变想法，不要老在自己的小圈子里面打转转，也不要老给自己的公司做广告，也不要老是报道自己公司的奖励、提拔，领导的讲话，受某某领导的接见，等等。你自己觉得是大事，别人并不关心。

《SOHO小报》邀请了中国当代许多有想法、有思想的人来写文章，每期都集中了一些有分量的思想和言论，使大家在热热闹闹的商业社会中安静下来，听一听真正有见地的声音。别人出1块钱的稿费，我出3块钱，但一定要在《SOHO小报》首发。

《SOHO小报》更注重的是知识，更注重的是思想的东西。它是完全非商业的，渐渐成为一个讨论城市文化的平台。我们的《SOHO小报》是给所有有思想的人，提供一个表达自己思想的平台。我们的定位一是不反动，二是不黄色，其他什么都可以谈，包括批评我们的文章。

媒体是一列火车，车头就是你的内容，你如果一味倾向于你的广告客户，最终老百姓就抛弃你这份报纸了，这样广告这个车厢也就被甩了。老百姓买报纸不是为了看广告，看广告是在看报纸内容文章的时候顺带看的。但如果看报纸的人多了，顺带看我们的广告一眼，这个影响力也是相当大的。

——潘石屹谈内刊不给自己做广告

背景分析

潘石屹被称为娱乐化的地产商人，善于玩弄概念，精于反策划，最重要的是把宣传看得很重。为了宣传自己的产品，他不惜用自己为公司、为楼盘宣传。就连素有"任大炮"之称的好友任志强也经常说他："刚说完不能在'围脖'上做广告，小潘你又忍不住了？"

企业内部刊物立足于对客户的精准定位，是联系企业和客户、和员工的纽带，被许多公司看中。内刊虽然大多免费发行，但是它可以为企业带来不少潜在客户，作用很大。内部刊物拥有这般功效，一向注重宣传的潘石屹自然也不会落下。于是，《客户通讯》创刊了，在摸爬滚打中，《客户通讯》更名为《SOHO小报》，同时华丽变身，成为全国发行量很大的企业内刊之一。《SOHO小报》的读者群不再仅仅是业主，其文章内容覆盖至文化、音乐、教育等领域。

这份发行量如此之大的内刊的成功，秘诀在哪呢？谈到《SOHO小报》的定位，潘石屹认为很简单，就是"一不反动，二不黄色，三不给自己做广告"。不反动，不黄色，我们可以理解，可不给自己做广告，岂不是对发行量如此大的这个宣传资源的浪费？

面对疑问，潘石屹说《客户通讯》在创刊之初也曾走过不少弯路，刚开始发行只是针对客户，因此全刊内容也都是房子的进展状况。而等业主搬进去后，这样的内刊，很多人就不需要了，因此不得不选择停刊。停刊不久就有客户打电话过来问怎么没收到内刊，于是，内刊不久复刊。可是内刊的发行量一直上不去，后来调查发现，客户对公司内部的奖惩情况根本不感兴趣。

后来，潘石屹改变了想法，要给客户最想要的东西，《客户通讯》改名《SOHO小报》。小报在所有的内刊中堪称特立独行，刊物几乎没有"SOHO中国""潘石屹"或项目具体名称等字眼，有的也基本是出现在批评性的文章中。浏览各期《SOHO小报》的主题，如果不告诉你这是SOHO中国的内刊，你可能更多地把它看作一本人文类杂志。"第三种生活""遥远的对视""互联网来了""我最怀念的时代"……这类主题，似乎是与你探讨城市和生活的变化，它注重社会与民生，寻找生活与灵魂的契合点，每一期都可以给人一次心灵的洗礼。

为办好这份小报，潘石屹没少花心思，他邀请了来自各行业的专家学者为小报操刀。"别人出1块钱的稿费，我出3块钱，但一定要在《SOHO小报》上首发。"内刊不给自己做广告，免费发放，又花钱请来大批文人学者坐镇，他的这种吃力不讨好的行为一度不被同行看好。虽说《SOHO小报》十分火爆，但是除了封面，有哪点可以和SOHO中国挂钩呢？

可潘石屹不这么看，他希望通过内刊带给人们多样化的思考方式，客户认同就是对小报的最大鼓舞，何必一定要追求商业价值呢？

第五篇　关键时刻之品牌营销
不拘一格做品牌

🌑 拓展透析

能不能找到客户是企业经营的最基本原则，潘石屹显然深谙其理。《SOHO小报》制作精良，内容优质，一度成为最知名的企业内刊。潘石屹如此大张旗鼓地办内刊，声称不打广告，但事实上也是一种营销方式。

潘石屹表面上没给自己做广告，实际上却在小报的发行中完成了品牌推广。通篇看起来确实和房地产无关，与SOHO中国无关，但这份好看耐读的小报，又有谁不知道是SOHO中国出的呢？客户喜欢小报的内容、小报的风格，SOHO中国自然也会潜移默化地被客户记在心里。

潘石屹这种看似无形，实则将产品推出去的方式，才是营销的最高境界。管理学大师德鲁克也曾说过，营销的真正目的就是使产品真正满足顾客需求，从而使推销变得可有可无。他认为，卓有成效的营销能够使顾客主动登门，剩下的事就是如何便于顾客得到产品或服务。因此，在营销过程中，产品能在哪方面满足顾客的需求是管理者真正需要考虑的事。同时，在此基础上，尽可能提升顾客购买产品的便捷性，最大限度地降低顾客的购买成本。

第一，长期进行市场调查，任何重要的信息都隐藏在顾客群体当中。只有接触顾客，才能更好地满足顾客的需求。

第二，把握市场需要，不断推陈出新。尤其对那些只经营单一产品的企业而言，不断推出迎合目标顾客口味、具有时尚概念的新产品，能够使企业在同行业中处于领先地位。

第三，确立品牌在顾客心智中的定位，占领顾客心智。优秀经理人要学会通过产品的宣传来促使顾客对产品形成认知。企业要想成功赢得顾客，要对顾客实施影响，影响顾客购买，占领顾客的心智。这就要求企业管理者做到专注于自己的特长，不断提升自我，提供更加专业的服务，同时通过各种渠道的宣传，让企业传播的理念深入顾客内心。

第十五章
社会责任是最好的品牌

第一节 企业的存在与发展就是社会责任

将履行社会责任，划到企业的发展壮大中去。

所谓企业的社会责任，并不是要企业离开自己的范畴去做另外一件事。企业本身就是社会结构的一部分，它的存在与发展就是社会责任。

统计局统计结果表明，中国目前（2008年）有6万多家开发商，解决就业人口100多万，在过去的15年时间里，不断给中国城市建造了一批批的好房子。整个社会的进步、城市面貌的变化，与这6万家同行的努力分不开。到了今天（2008年11月），我相信这6万多家房地产公司和中国绝大多数的其他行业，比如钢铁行业、水泥行业、电解铝行业、奶粉行业、出口行业，都是一样的惨，大家都面临着资金的压力。目前（2008年），我觉得最重要的是坚持，无论如何要过了这个冬天。千万不要轻言放弃，这个时候活下去是第一位的！

在这6万多家开发商里面，我相信95%以上的资金非常紧张。如果他们死了，不光是他们的问题，光这个行业就牵扯到上百万的就业问题。而由此连带的家具行业、建材行业、施工企业等，牵扯的可能是上千万人的就业问题。所以这个时候中国的开发商同行们能够活下去就是对这个社会最大的贡献！

任何一个行业都有一个使命。当这个使命落到你的身上，你就要想办法把它做好，不要辜负了这个使命，实际上可能在我们背后还有一个比我们自身更强大的力量。

一个公司目标应该非常单一，那就是为社会创造价值。只有给社会创造价值，才有可能给社会更多的税收。对企业来说，成绩就是利润。如果给一个企业

第五篇　关键时刻之品牌营销
不拘一格做品牌

加上过多的东西,我觉得就会有问题。

——潘石屹谈企业的存在和发展和社会责任的关系

背景分析

潘石屹认为企业存在即是一种社会需要,企业为社会创造的价值主要体现在3个方面:财富价值、物质价值、精神价值。

论及企业的财富价值,首先就是企业对国家缴纳的税收。政府依靠这些税收来完善教育、养老、社会基础设施的建设,为人民建立更加良好的社会环境、交通环境等。其次,企业的财富价值还体现在创造就业上,企业招进员工,员工为公司创造价值,企业对员工给予报酬,这样做的结果是可以稳定社会环境。

SOHO中国拥有强大的吸金能力,每年上缴的税收自然也不是少数。每年公司的税务检查,一直被企业界视为大事。与一些不法商家想尽一切办法逃税漏税的紧张相比,潘石屹在这方面显得十分坦然。他曾十分自豪地告诉记者,SOHO中国在房地产业的纳税能力位居前位。同时据SOHO中国内部报告显示,截止到2011年6月30日,SOHO中国员工人数为2392人,这也就意味着SOHO中国为2000多人提供了就业岗位。

更值得一提的是,SOHO中国员工的纳税能力。2011年9月21日,潘石屹在微博上发表了这样一则消息:"今天公司召开经理会,我得知,2011年(迄今)公司每位员工平均给政府缴纳税款680万元。"这条消息发布不久就被网友称为不合实情。其实不管数字是否合乎实情,不可否认的是,SOHO中国,包括企业本身和它的员工,是北京房地产界的纳税大户,他们积极纳税,一度受到相关部门的表扬。

一次,一公司要与SOHO中国争北京房地产销售第一的位置,潘石屹则表示对这样的第一不感兴趣:"其实销售第一对我和公司并不重要,而真正有意义的是公司给政府纳税多少,能否给社会解决就业。我们的房子每平方米卖到16000元以上,各项纳税的贡献率也比较高。营业额大、纳税高,带来的转移价值就高。我算过,房地产业每平方米建筑会用8~10个工。优秀的房地产企业能提供大量就业机会，这就是对社会的贡献。对我们的公司而言更愿意赢得这样的第一。"

潘石屹认为，企业的第二种价值是物质价值，即企业生产的产品。对SOHO中国来说，产品就是建筑。SOHO中国的贡献就是创造出来的建筑新颖独特，并且容纳几十万人在办公楼里工作。环境塑造性格，因此，他要求设计师在设计时，施工单位在建造时，一定要考虑到建筑对人的影响。在他看来，建筑是有活力的，有生命力的，因此理应得到慎重对待。潘石屹希望自己的作品并不是冷冷的、一成不变的，而是可以给人遐想的空间，激发人们的创造力。

潘石屹认为企业能创造的最高价值便是精神价值。精神价值也被称作企业文化，存在于社会生产的每个环节，是企业的精髓。因此，他在招标过程中十分注重营造一种公开、透明、诚实的氛围。秉承"来者就是客"的理念，他要求员工尊敬每一个进SOHO中国的人。

通常情况下，主动权掌握在招标方手里，因此招标过程中，招标方不尊重前来客户的情形时有发生，但是，客户走进SOHO中国的大门就会受到贵客般的待遇。潘石屹要求员工在招标过程中为每位客户沏好茶倒好水，摆上新鲜水果以供客人享用。一些招标方在整个招标过程中公司总负责人都不会露面，而在SOHO中国的招标活动中，几乎随时可以看到潘石屹的身影。

潘石屹坚信，尊重客户，客户也会从中体会到公司不一样的精神面貌。"他们感受到了不同，就会有所触动，我们的精神就已经影响到他，如果他在跟其他企业或人合作的时候也这么做，精神就得到传递，我们的品格和精神也能更充分地影响到社会。这才是企业为社会创造的最重要的价值。"

由此看来，企业的生存发展从来不是企业领导者一个人或者几个人的事情，从公司成立之初，企业就担负着生存和发展的社会责任。潘石屹所带领的SOHO中国在这方面做得很好。

拓展透析

潘石屹认为不赚钱的商人是不道德的。关于这一观点，史玉柱也表示认同："关于社会责任和商人逐利，我觉得做一个企业，追求利润是第一位的。

第五篇 关键时刻之品牌营销
不拘一格做品牌

你不赚钱就是在危害社会,对这个我深有体会。我的企业1996、1997年亏钱,给社会造成了很大危害。

"当时除了银行没被我拉进来,其他的都被我拉进来了。我的损失最终会转嫁给老百姓,转嫁给税务局。企业亏损会转嫁给社会,社会在担这个窟窿。所以,我觉得,企业不赢利就是在危害社会,就是最大的不道德。另外一点,我觉得在运营企业时,第一不能违法,第二要尽量做大家认可的东西。我现在就经常跟我的团队说,要做一些有益的东西。比如我的知识问答题库,把游戏往健康的方向引。"

利润是企业存在的根本,如果没有利润,企业就不可能存活。换句话说,企业经营的首要准则不是利润最大化,而是避免亏损。但企业时常会遇到风险,所以企业必须赚到能够抵御风险的利润。作为一个企业,对社会最大的贡献就是创造利润、纳税。

对于企业家的赢利和商业道德的关系,北京大学光华管理学院院长张维迎认为:"一方面,在一个健全的市场制度下,企业追求利润、为客户创造价值以及承担社会责任之间不但不矛盾,而且是基本一致的。利润是社会考核企业,或者说考核企业家是否真正尽到责任的最重要指标。没有这个指标,我们没有办法判断企业行为是损害还是帮助了社会。

"另一方面,在一个制度缺陷比较严重的社会中,利润可能不是考核企业行为的最佳指标。这时候我们应该想办法,使这个制度变好,使利润能够真正反映企业和企业家对社会的贡献,而不是抛开对社会制度的变革,用说教的方式解决这个矛盾。"

商业的本质就是在法律法规许可的范围内获得最大利益,而企业家的终极使命就是赢利,给员工发不出工资是企业家的耻辱。企业就像是一个大家庭,必须得有钱维持这个家庭的开支,才能维系企业的正常运转。如果没有利润的支撑,一切美好的设想都只能是天方夜谭,社会责任也成为空谈。

有分析人士认为,任何组织都必须对社会影响和社会成果进行管理。企业所承担的社会责任的大小,决定着企业存在的必要程度。承担的社会责任越大,企业存在的必要性就越强,企业也就越有价值。著名企业家马云说过:"赚钱只是企业家的一个技能,更多的是对自己、对企业、对社会的责任感和使命感。"

　　企业是社会的细胞之一，离开了社会资源，企业的发展就成了无源之水、无本之木，没有一个好的环境，企业也难以生存。正如美国某著名企业协会所倡导的，企业社会责任的重要体现是通过尊崇伦理价值以及对人、社区和自然环境的尊重实现商业的成功。很多优秀的企业早已证明这一点：社会责任感强的企业，才更受尊重，才能保持基业常青。

第二节　不用股东的钱做慈善

> 履行社会责任，是个人的事，与股东无关。

　　企业的责任其实就是遵纪守法，创造利润。如果我现在拿着公司的钱去做慈善，这就是股民最忌讳的事情，也是股东最忌讳的。如果分红后用自己的钱去关注教育问题、扶贫问题或艾滋病的防治问题，企业家自己去做，我认为才会有做慈善的真正快乐。

　　一个企业遵守法律和规定应该是第一位的。至于做慈善事业、福利事业，这些事情不应该是一个企业的责任。企业是没有资格做这些事的，因为属于它的钱都是股东的钱，你不可以拿着股东的钱去做自己的慈善事业，一定要尊重股东的意见。企业要保护股东的利益，就要降低成本和创造价值。

　　没有上市的民营企业也一样。你希望做慈善和福利事业，这是企业家的问题，不是企业的问题。其实做慈善是每个人自己的愿望，应该用自己的钱去做。咱们常常把企业家的社会责任和企业的社会责任给混淆了。

——潘石屹谈慈善

● 背景分析

　　潘石屹十分提倡做慈善，但反对不经股东同意用股东的钱来做慈善。他认为，公司的钱属于全体股东，任何个人挪用这笔钱都是不道德的，即便你用在光辉的慈善事业上。做慈善的出发点是好的,可是如果擅自用股东的钱,伤害了股东的权益,对公司的长久发展是不利的。

在他看来,股东将公司交到你手里,就是对你的信任。作为公司的负责人,管理者应该考虑的是如何最大限度地创造利润,回馈客户。

对于慈善事业,潘石屹也坚持做,但他是用自己的钱。来自甘肃天水的他十分关注家乡的建设情况。2003—2004年间,他捐出人民币100万元,用于帮助天水市潘集寨学校教学楼建设,以及解决供暖问题。一年后,他又和联想集团联手,为天水市捐赠了100台电脑。2007年年初,潘石屹又捐款200万给了潘集寨学校。

2009年,潘石屹和箭牌卫浴联手捐建了15所天水学校卫生间,其中旱厕10所,水冲式厕所5所,总造价310余万元。据了解,2008年,他已捐资为天水学校建造了10所卫生间。据潘集寨学校的一位负责人表示,自从2003年以来,潘石屹已经为该学校捐资了800余万元,兴建了教学楼、宿舍楼、食堂、澡堂等。

潘石屹不仅关注家乡建设,也心系灾区人民。2008年汶川地震后,他几乎在第一时间进行了捐赠,并表示心与灾区人民永远联系在一起,希望他们早日渡过难关。

谈到这些慈善项目,潘石屹表示,只有用自己的钱来做慈善,才能收获真正的快乐。

拓展透析

在做慈善上,潘石屹坚持用自己的钱来履行社会责任。其实,社会责任并不仅仅局限于慈善上,对企业而言,追求利润的同时,勇于承担社会责任,才能让企业的路走得更稳更远。

除了关注体育、赞助体育之外,李宁公司在发展的过程中还自觉地承担起企业的社会责任,投入大量的人力和财力,从事大量非体育类的社会公益活动。

几年来,李宁公司在全国先后捐建了30多所希望小学。对于生于斯、长于斯的广西乡土,李宁倾注了尤其多的心血与热情。2006年,广西李宁基金会成立，两年来共为广西的教育、体育、扶贫助学、赈灾救灾捐赠善款2600多万元。同年，李宁在广西特设李宁奖学金，奖励考入清华、北大、北科大、上海交大等12所重点大学的优秀学子。2007年，广西李宁基金会广西大学李宁助学基金捐赠仪式在广西大学举行，李宁向广西大学捐赠1000万元。

李宁在接受记者采访时表示：与生俱来的广西人的性格特点使自己可以很好地融入社会生活中，拼搏出一番事业。家乡的建设需要人人参与，我会尽自己的一份力量支持家乡建设，希望我们的后代有更好的学习和生活环境。我今后会付出更多的努力参与家乡的建设，为推动广西地方经济社会发展贡献力量。

对待家乡是这样，对待其他地区，李宁一样乐善好施。1998年，江西、安徽、东北等地发生特大洪灾，李宁捐出赈灾款600万元。2003年12月，李宁公司向内蒙古、江西、陕西、云南、湖南等地震、洪水灾区捐赠价值1000万元的物资。2005年1月，东南亚发生海啸，成千上万的人受难，李宁公司通过中国红十字总会为灾区和贫困地区捐赠价值1340万元的物资。2006年2月，李宁捐赠中华慈善总会500余万元的物资。2008年5月，为了紧急救援汶川大地震的灾民，李宁公司又携广西李宁基金会向受灾地区捐赠现金1249万元……"李宁公司在发展伊始便秉承'公益为众，爱心为众'的理念，积极履行企业自身的社会责任。"在一次捐赠活动中，李宁公司的一位负责人如此说道。

除了捐钱捐物，李宁在必要的时候也会出席一些公众活动，为活动担任形象大使，用自己的力量扩大活动的知名度和影响力。2001年，除了与蔡振华、李永波、许海峰、黄玉斌共同成立"中国运动员教育基金"之外，李宁还在这一年与电视歌手黄格选、著名相声演员姜昆共同出任中华骨髓库的"爱心大使"，并为该机构的相关活动提供了大量物资赞助。

此外，李宁在北京精选出近10家李宁专卖店及专柜，自2001年12月16日起，协助中国红十字会举办"点击生命，互联爱心"爱心上网卡义卖活动，活动期间销售上网卡的全部收益都捐献给中华骨髓库，作为支持中华骨髓库建设的资金。

该活动起到了良好的宣传示范效果，吸引了众多热心人士参与到公益活动中。事实上，这项活动之所以有着特殊的纪念意义，还在于中华骨髓库在停顿了8年之后刚刚恢复起来。此前，中华骨髓库除了接受一些小量的个人捐助外，没有募集到一笔企业捐助，红十字会也没有拨过款。由于经费不足，中华骨髓库无法承担为捐献志愿者免费检测的成本，导致了公益机构发展史上的一个奇特现象：志愿者还得自掏500块钱的检测费用才能捐献。一方面是亟待增容的中华骨髓库，另一方面是热情高涨、献髓无门的志愿者，缺乏资金的中华骨髓库长期无法正常运作。李宁听闻消息后，马上捐出10万人民币，解了中华骨髓库的燃眉之急，并表示要长期支持这个机构——这是中华骨髓库有史以来收到的最大一笔捐款。

在李宁等人的关心与支持下，中华骨髓库很快筹足了资金，恢复了正常运作，告别了让志愿者自筹检测费用的尴尬现象。如今，中华骨髓库已取得长足的发展，可以满足60%患者的初次配型，成功移植800多例。截至2007年11月，中华骨髓库的入库资料已逾77万人份，并与美国、韩国、新加坡、日本等国家的骨髓库建立合作关系，与当初骨髓入库资料不足两万份的状况形成了鲜明对比。

对于这一切，李宁希望在扩大影响力的同时尽量淡化商业色彩，让更多的人参与慈善事业。同时，慈善应该是个人的事情，只有这样才能在慈善中获得真正的快乐。

第三节 企业也要念"环保经"

<u>让更多人在干净的环境中办公，是SOHO中国追求的目标。</u>

"绿色、环保"是目前全社会、全世界最关心的话题，因为这是大家共同的事情，关系到我们以及子孙后代的生存环境。所以，我们不应该一边埋怨着空气污染、气候变暖，一边在自己的工作和所从事的行业中没有一点绿色环保的意识，其实在我们把污染和垃圾丢给别人的同时，也丢给了自己。

绿色环保对房地产行业来说是一个新课题，希望我们大家都能积极参与，同时这也是房地产行业社会责任的具体表现。印度圣雄甘地说过一句话，大意是地球上面的资源足够满足人们的需要，但满足不了人们的贪欲。

每个人的一生当中大部分时间其实是和同事一起在工作场合度过的，作为商业物业开发商，自然而然地想到通过治理室内空气、提供健康干净的呼吸环境来为推动中国整体空气治理进程而出力。

我们不是专业的环保公司，也在共同探讨治理PM2.5的方法。之前失败了很多次，现在的方案是几家公司一起商量出来的。由于不是常规的技术，所以接下来还是由两家公司分别负责一部分，公平竞争能促使他们不断努力，完善技术。

——潘石屹谈环保

背景分析

潘石屹不仅是地产商，更是环保践行者。PM2.5正是因为他的推广，才得以为人们熟知。2011年10月底的一天，他首次在微博上发布了美国驻华大使馆的空气污染指数，正是这张图让PM2.5出现在了国人面前。

值得一提的是，在潘石屹关注PM2.5之前，北京市环保局并未将PM2.5纳入监测范围，这也就是很多人对空气污染的感觉与环保局的数据不一致的重要原因。

随后，潘石屹将环保局监测数据中不包含PM2.5这一数据的消息公布到网上，引起了大家的热烈关注。潘石屹的举动引起了有关部门对PM2.5的重视，2012年2月底，环保监测数据中正式出现了PM2.5的数值。

虽说他为环保做了贡献，却被指为"动机不纯"：就在潘石屹一如既往地将每天更新的PM2.5数值截图到微博时，网友却呼吁：降PM2.5，先从自身做起。原来，一直自诩环保践行者的潘石屹，却被指出在建的工程被尘土包围。

这则消息传出，曾经的环保主义者一度被各种负面消息淹没。于是，再谈到"潘石屹"这个名字时，人们总是喜欢用"作秀""假环保""为了卖房子"等字眼来评价他。潘石屹在第一时间查明了原因，并向群众道歉。随后，一向以效率著称的潘石屹下令所有工程停工整治，一定要想尽一切办法，保证

第五篇　关键时刻之品牌营销
不拘一格做品牌

扬尘问题得到解决，才可以再次开工。事情很快过去，却一直萦绕在潘石屹的心中，挥之不去。从这件事上，潘石屹意识到必须将环保更加深入地贯彻到自己的建筑中去。

拓展透析

随着社会的发展，资源和环境的压力也是逐年加大，人们对企业履行社会责任的要求也越来越高。群众对企业的评价，早已超越了促进经济增长、带动就业的范畴。因此，对于企业来说，就需要在创造利润的同时，尽到更多的社会责任。

企业如何履行社会责任，已经成为各国经济和社会发展所面临的突出问题之一。对于管理者来说，如何在发展经济的同时履行社会责任呢？

1. 将企业社会责任与企业的发展目标相结合

企业在制定发展目标时，不能仅仅看重经济的增长，也应该把如何节能减排、维护员工利益写入企业发展战略规划书中。

2. 将企业社会责任与企业的文化建设相结合

在打造积极向上的企业文化的同时，也要将绿色环保等发展理念灌输给每一位员工，督促他们协助企业履行社会责任。

3. 将企业社会责任与创新产品相结合

在创新产品时，设计者要想到如何将社会责任理念融入产品中，如致力于如何减少产品的能源使用、再回收利用等。

4. 积极投身公益事业

企业的发展与社会是分不开的，企业管理者在追求利润的同时，也需要对公益事业有所关注，通过募集资金、进行公益事业的宣传，让企业员工和社会公众关心并积极参与公益事业。企业这样做，不仅可以树立良好的形象，也能借此营销自己的产品，可谓一举两得。

企业的发展离不开社会公众的支持，因此企业在关注自身经济利益的同时，应该积极主动地承担相应的社会责任。

第四节 社会责任不是做给别人看的

企业履行社会责任，一定要发自内心，有纯洁动机。

企业履行社会责任，一定要发自内心，要有纯洁的动机。如果动机不纯洁，带来的往往不是赞扬，而是批评。纯洁的动机要发自内心，超越外界的赞扬和批评，真正体现公益的精神和企业的责任。如果捐款是为了出名，为了在捐款排行榜上排到前面等，这些从动机上来说都是不纯洁的。

社会责任应该是一种发自内心的举动，而不是做给别人看的，说给别人听的；当你真正付出了，你就会生活得踏实，你的精神就会愉悦。这也印证了中国的一句俗话："善有善报，恶有恶报；不是不报，时候未到。"

什么时候去做慈善的事呢？我觉得最佳的时期是当你心动的时候，感觉到心被感动时就马上去做，不要迟疑，这一刻是你进步的契机，千万不要错过你的心被感动的时候。东南亚海啸的那一年，我们家正从新加坡坐飞机回到北京，飞机上所有的杂志和报纸全都是关于海啸的悲惨画面，我们很受感染。回到北京，正赶上元旦的假期，没办法把款捐出去，元旦一结束，我们就做了捐款。有人说，中国还有很多穷人在受苦呢，为什么还把钱全捐给外国人。但我觉得这一刻我心动了，我就应该去做。

我们成立的SOHO中国基金，在过去6年中一直聚焦在儿童美德工程上，投入了几千万元的资金，基金会每位成员都付出了大量的时间和精力。令人欣慰的是，我们得到的比付出的更多、更珍贵。我们得到了比时间和金钱更珍贵的精神品质的提升，得到了任何珍贵的物质财富都无法取代的爱和快乐。

——潘石屹谈做慈善是自己的事情，与他人无关

背景分析

与不少人做慈善的出发点不同，潘石屹认为慈善是个人的事。东南亚海啸时，他很受感触，回京后不久就做了捐款。有人不理解他为什么把钱捐到国

第五篇 关键时刻之品牌营销
不拘一格做品牌

外,而潘石屹则觉得,慈善无关乎国界,自己当时心动了,也就这样做了。

在一次慈善活动上,他听到有人说中国有7万多名6岁以下的贫困聋儿。据说,这些聋儿在6岁前戴上一副助听器就很可能听到声音,也可能具备语言能力,与他人几乎无障碍交流。可过了6岁,说话的希望就会十分渺茫。这样的一副助听器需要2000元,2000元对平常家庭来说也许并不是一个很大的数字,但对这些来自贫困家庭的孩子而言就完全是天文数字。潘石屹听到这里,就在心中想着捐款的事。随后他对主持人说:"那我就先给残疾人联合会捐100万吧,可以买500个助听器,先紧急救助500名孩子。"听到这样的回答,包括主持人在内的所有人都很激动。本以为活动暂时告一段落,谁知导演却示意他们再来一遍。潘石屹听完,突然觉得有了作假的感觉,特别是身边人那句"我在大学里演过话剧,不怕演戏"深深地刺痛了他。虽说他后来还是很配合地又说了一遍,可再也没有刚才的激动。

后来,潘石屹成立了SOHO中国基金会。对于基金会成立的初衷,他回答说,慈善不能成为一些人宣传自己、宣传公司的工具,而应该落到实处。说到这里,潘石屹不禁回忆起自己不少的受骗经历。他说,SOHO中国每天都会收到不少的求助信。一次,有人来找他捐钱,说是要做人工耳蜗,帮助那些生活在无声世界的人。潘石屹听到这事,内心受到震动,当即决定捐出500万,并索要救助者名单。可是他等了快10年,还是没拿到救助者名单。如今说起此事,他还是一样的气愤。

潘石屹说,和大多数捐款者一样,他希望自己捐出的钱能够一分不差地送到需要救助的人手里。SOHO中国基金会成立后,由于缺乏管理经验,遇到不少的困难。可即便困难重重,潘石屹仍满怀信心,至少通过公司的基金会可以保证每笔捐款真正落到实处。

在潘石屹看来,做慈善不是给别人看的,这个别人指作秀,而不是真正不让人看。一次潘石屹和小儿子一起散步,儿子指着一个小孩说,他多像福志平。潘石屹不解,忙问福志平是谁,小儿子说是自己用压岁钱治好兔唇的那位小朋友。潘石屹听到回答后,感到十分欣慰,自己的慈善行为不仅能让有需要的人获得帮助,也能让儿子获得精神上的提升,再进一步就能带动身边越来越多的人帮助他人。相比起作秀,这才是真正的慈善。

拓展透析

企业的社会责任营销可以改善社会福利,获得差异化品牌定位等收益,企业应将社会责任感和它们的营销活动相结合。然而正如潘石屹所说,社会责任不是做给别人看的。

"我们集团的慈善行为纯粹是为了回报社会,不希望媒体炒作。"上海瀛通集团董事长秘书办公室主任杜南南也如是说。

和潘石屹一样,上海瀛通集团董事长陈伟峰也十分热衷慈善事业,并且也很低调。据悉,上海瀛通公司将瀛通慈善基金全部交给了上海市慈善基金会代为管理。为长期资助崇明县,他还专门捐赠了3000万元。2004年,在胡润内地慈善家排行榜上,陈伟峰位居第七。不过,经常做慈善的陈伟峰却从不接受记者的采访。

对企业来说,做慈善一定要有纯洁的动机,要真心实意。那么企业家要做好慈善,除了要有纯洁动机外,还需要注意哪些呢?

1. 平等待人,尊重他人。企业家最忌讳的是在捐赠的时候,践踏受赠者的人格尊严。企业家在捐赠的时候,要以平等的姿态面对受赠者。

2. 讲求实效。很多企业在捐赠后就听之任之,其实这也是一种不负责任的行为。正确的做法是,在捐赠后,要定期回访,了解赠款、设备等的使用情况,保证每一分钱都落到实处。

总之,企业在做慈善的时候一定要怀有纯洁的动机,并且关注善款等的后续使用情况,只有这样,慈善才能真正落到实处。